Cathy Closier

Photographies de Marie-Amélie Tondu

season

les recettes d'une parisienne très new-yorkaise

MARABOUT

sommaire

season

36

season's story

Rien ne me prédisposait à devenir un jour restauratrice. Lorsque j'étais encore à l'école, la seule chose dont j'étais certaine c'était que je voulais « ouvrir un magasin de vêtements », et avec les années cela s'est transformé en « Je veux ouvrir plusieurs boutiques ! » C'est pourquoi, après mon bac, je me suis inscrite dans une école de mode : l'ISEM, afin d'atteindre mon objectif. Ma première expérience dans un bureau de presse s'est assez mal terminée. Discrètement, une petite voix intérieure me disait déjà que je n'étais pas faite pour ce milieu. Mais je ne voulais pas lâcher comme ça. Et c'est ce que j'ai fait. Je me suis appliquée à rentrer dans le rang : j'ai envoyé plus de 250 CV, et j'ai attendu, mais rien n'est arrivé. Alors, pour gagner ma vie et ne pas rester inactive j'ai trouvé un petit job de serveuse dans une chaîne de restaurant. Et plus les jours passaient, et plus je me disais qu'en fait, ce travail n'avait rien d'alimentaire : un jour, alors que je racontais mes journées à mon père, je me suis rendu compte de mon ressenti profond : je devais me l'avouer... réellement, ce petit job d'appoint me plaisait. Oubliés les CV postés sans succès, j'étais dans mon élément. Quelques mois plus tard, alors que j'envisageais de quitter mon poste pour évoluer et aller parfaire mon anglais à Londres, l'un des patrons du restaurant, Richard, m'a proposé un poste de manager. J'ai accepté sur-le-champ !
Les premières semaines ont été un peu difficiles car j'étais toute jeune, mais au bout de 8 mois, Richard était plutôt satisfait, et il m'a dit alors cette petite phrase qui allait me donner des ailes : « Un jour, tu seras patronne. » J'aurais pu rester longtemps dans ce restau, et évoluer peu à peu, mais c'est l'amour qui en a décidé autrement...

comment New York est entré dans ma vie

Tout commence par un chagrin d'amour... eh oui, il faut savoir tirer du positif de chaque situation. Mais, comme dirait mon amie Sophie (@theotherartofliving) **« Everything happens for a good reason »** et c'est ce qui s'est passé. C'est une rupture amoureuse qui m'a donné envie de tout plaquer : mon boss Richard, ma petite expérience de manager, mes débuts dans un métier qui me plaît. Une collègue décide de partir pour New York : je décide de la suivre et puis, finalement elle annule son départ. Qu'à cela ne tienne, je pars seule. Je réserve un billet d'avion et trois jours dans une auberge de jeunesse et me voilà dans la ville phare des États-Unis... Mais je me retrouve dans une chambre glauquissime en entresol, avec vue sur des barreaux rouillés. Je n'ai qu'une envie, c'est de repartir.

J'appelle mes parents, mais ma mère m'apprend qu'un de ses amis s'est installé à New York. Je dois le rencontrer, il attend mon appel ! Je n'ose pas lui avouer à quel point je me sens mal, je décide donc de jouer les touristes et de rencontrer ce monsieur. En discutant avec lui, il m'explique qu'il a un studio à louer. Ça peut m'intéresser. J'arrive sur Madisson Avenue, près de central Park. Et là, **mon cauchemar se transforme en rêve** : je passe de la cave-auberge de jeunesse au roof top. C'est bien plus qu'un studio, c'est une petite maison de poupées posée sur les toits de New York. Je tombe amoureuse de cette garçonnière. Et puisque je décide, grâce à ce petit palais, de rester un peu à New York, je lui explique que je cherche un job de serveuse. La magie opère encore : il connaît le propriétaire du restau en bas de chez moi. Je vais pouvoir commencer dès le lendemain.

Je commence au vestiaire, puis j'enchaîne les postes dans plusieurs restaurants français, je m'amuse, ces jobs me plaisent, je rencontre des tas de personnes différentes. Mais c'est à nouveau le hasard qui frappe à ma porte et me rappelle les études pour lesquelles je m'étais destinée : je rencontre un couple de clients qui sont en train de bâtir un projet qu'ils ont baptisé « l'Appartement ». C'est un concept store. Il faut savoir suivre les tendances : ils estiment que j'ai le profil. Ils me proposent d'être le manager du projet. Un poste en or massif, et la fameuse « carte verte américaine » à la clef. Deux mois plus tard, je donne ma démission du Bilboquet, restau où je travaille. Je dis au revoir à l'équipe, à mes amis, à mes repères. Mais je me dis que c'est bien de le faire. C'est raisonnable. C'est une occasion qui ne se représentera pas. Bref, tout ce qu'on se dit quand on essaie de se convaincre sans écouter son instinct.

Dix jours avant l'ouverture, j'ai 23 ans, je me retrouve face à une équipe américaine, je réalise que mon anglais n'est pas suffisant, j'ai la tête qui tourne. Je ressens un mal-être tenace face à ce qui aurait dû être un début de consécration. Et là, mon père me dit ce que mon sixième sens a envie d'entendre et que j'essaie depuis quelques mois de faire taire. Il me dit simplement : **« Fais comme tu le sens, suis ton instinct. »**

Le lendemain matin j'annonce aux fondateurs de l'Appartement que j'arrête, je ferai la soirée d'ouverture pour les aider seulement. Ils insistent, tentent de me rassurer. Mais je refuse de changer d'avis, ma décision est prise.

ONE WAY

ce qui me fait avancer

Écouter son intuition
L'optimisme, c'est-à-dire être à l'écoute de ce qui m'arrive, est la clé. Avant tout, je suis mon instinct, et je vérifie à travers mes émotions que je suis toujours en accord avec moi-même. Grâce à cette introspection, je redresse la barre professionnellement et personnellement, selon ce qui me convient, selon ce que je sens. Si j'y vais à reculons et en forçant les choses, je sais que je tomberai à nouveau.

Prioriser, organiser, s'entourer et déléguer
On peut avoir tous les rêves du monde, mais le plus difficile est de se lancer. Il faut ensuite bien s'entourer et savoir déléguer : c'est ce qui m'a permis d'avoir mes enfants plus sereinement. Depuis l'arrivée de mes enfants, le mot d'ordre c'est organisation et priorisation sinon burn-out assuré, et d'ailleurs, cela m'est arrivé... Avec le temps et l'expérience, j'ai appris le secret du lâcher-prise, et je découvre encore chaque jour à quel point ces deux mots sont si importants, et si intimement liés à l'organisation !

Transmettre mes valeurs
À travers ma passion pour la restauration, c'est la valeur du travail que j'ai envie de transmettre à mes enfants. « Suis tes rêves, et n'abandonne jamais » ; rien ne résiste au travail, c'est ce que j'aimerais qu'ils retiennent pour plus tard.

réaliser mon rêve...

Dès le lendemain je retourne travailler au Bilboquet, et je réalise vraiment que j'ai fait le bon choix : c'est là qu'est ma place, c'est là que je suis heureuse. **Nous sommes en juin 2000 et je sais enfin ce que je veux faire, j'ai trouvé ma voie.** Pendant 8 mois, j'enchaîne différents postes dans la restauration, et je suis de plus en plus à l'aise. Et puis un jour, alors que je suis en train de faire le service, qui passe la porte : Richard !, vous savez, mon ancien patron de l'Indiana. Surprise, je lui saute dans les bras, il est content de me voir, et me propose de dîner le lendemain avec Nicolas son mari. J'accepte, même si je suis un peu impressionnée. Pendant ce dîner, Richard me pose des questions sur les derniers mois qui se sont écoulés, et je lui explique que je viens de dire non à un job de rêve avec Green card à la clé, simplement parce que je ne le sentais pas. Mi-surpris, mi-amusé, il me demande : **« Mais alors, qu'est-ce que tu as envie de faire vraiment ? » Et là, très spontanément, je m'entends lui répondre : « Ouvrir mon restaurant à Paris. »**

Sa réponse est aussi spontanée que la mienne, il me dit aussitôt : « Rentre à Paris on va t'aider. » Après un petit mois de réflexion, me voici de retour dans la capitale. Une place à l'Indiana m'attend. J'enchaîne les remplacements, et j'insiste pour que la proposition de Richard ne reste pas lettre morte. Je décroche un rendez-vous avec les deux fondateurs de l'Indiana. J'ai préparé un petit dossier, un peu naïf, un peu genre « j'ai 25 ans et j'aime le métier », pourtant, même si ma présentation les fait sourire, ils croient en moi et décrochent leur téléphone pour joindre un certain MV : une célébrité dans le milieu. Je l'ai d'ailleurs vu quelques mois auparavant dans une émission de télé. Je n'y crois pas... lui, le grand MV va s'intéresser à moi et me trouver un restaurant ? Eh bien oui !

Et mon rêve se réalise sous la forme d'un petit endroit plein de charme dans le cinquième arrondissement. Un petit café. Je suis tout de suite charmée par l'endroit. Au fond de la salle, il y a un mur en briques apparentes, ça me rappelle les immeubles new-yorkais, ça ne peut être que bon signe.

Puis tout s'enchaîne, j'ouvre le petit café le 14 mai 2001, l'aventure dure 2 ans ½, puis j'ouvre tour à tour le « Café crème », « le Café rouge ». C'est une période compliquée au cours de laquelle il m'arrive souvent de ne plus écouter mon intuition. Cinq ans après et enceinte de mon deuxième fils, je revends le Café rouge et reprends le Café de la poste. C'est à ce moment-là qu'on me propose un premier local idéal pour Season.

Cette fois je suis mon instinct : je sais exactement ce que je veux faire. On abat des murs, on fait déplacer la porte de l'immeuble, et, après quelques mois de travaux, lorsque je découvre cet espace dont j'ai tant rêvé, je sais que cette fois je vais pouvoir enfin réaliser le projet qui me correspond totalement. **Je n'ai plus de peurs, plus de doutes, je vais placer vraiment une partie de moi dans ce restaurant : Season.**

mon atout anti-stress : le sport

J'ai découvert le sport assez tardivement mais c'est devenu essentiel pour moi. Je n'ai pas un sport de prédilection, mais plusieurs ! Et j'opte pour l'un ou pour l'autre selon mon humeur du moment : c'est mon corps qui me guide, et ma tête lui dit « merci ».

une inspiration new-yorko-parisienne

Si je devais décrire ce que ce que je vis je dirais que **c'est un rêve américain à la française… ou plutôt non, un rêve français à l'américaine.** Ce dont j'avais envie pour Season, c'est un life-style très new-yorkais : le fait qu'on puisse manger à n'importe quelle heure, ce qu'on veut quand on veut, que l'on ne retrouve pas forcément les classiques « entrée-plat-dessert », ou qu'on ne vous dise pas quand vous arrivez dans le restau. « Ah ! Désolée, Madame, on ne sert plus ! Pour le petit dej' c'est terminé. » Mais il y a aussi un côté healthy dans les plats que je propose. Healthy oui, mais pas médical, du frais, du fait maison, car je suis une grande gourmande.

Season, c'est aussi un mélange brut et sophistiqué dans la déco. Simple, parce que j'aime les matériaux qui n'ont rien à prouver et qui parlent d'eux-mêmes : le bois, le métal, un plancher ancien recouvert d'une peinture rose clair ou blanc. Et un peu plus recherché lorsque j'accepte la proposition du créateur Mathias Kiss de reproduire sur les murs une reproduction de marbre faite par ses soins, au crayon de papier, ou encore du marbre antique noir « peint » à la main . **Une touche de design et de la simplicité. Je crois que c'est ça, Season.**

Ce travail de déco avec Mathias Kiss, c'est aussi l'histoire d'une belle rencontre, lors d'un déjeuner. J'ai été tout d'abord intimidée : Mathias est un homme charismatique, un artiste, très loin de mon monde. Enfin, c'est ce que j'ai pensé au début. Nous avons commencé à travailler ensemble pour le Café de la poste. il y a eu beaucoup de stress, parce que Mathias est un artiste, il crée au fur et à mesure, rien n'est établi à l'avance mais à la fin, je suis comblée ! Il m'a fait mon petit bistrot à moi, un lieu qui me ressemble… Et lorsque je commence à parler de mes premières idées sur Season, Mathias est présent, et il trouve mon idée géniale ! Cela me rassure, et, tout naturellement, nous décidons de continuer l'aventure ensemble. On s'envole tous les deux pour New York, je lui montre ce qui m'inspire, la ville, les lieux, l'atmosphère…, Ce que j'aime chez lui, c'est sa qualité d'écoute : lorsque j'exprime mes doutes au sujet du marbre noir reproduit sur les murs, il me laisse exprimer ce que je ressens, il en tient compte, et il retravaille en fonction de mes commentaires (pas tous), jusqu'à ce que je ressente la même chose que lui. Un des moments les plus incroyables lors des travaux de Season est sans doute celui où Mathias a commencé à dessiner à la main les 2 cadres en marbre blanc qui se situent au 1er étage chez Season. Il a ensuite reproduit les veines de marbre au crayon à papier : le voir créer comme ça, à main levée, en live, ça a été un moment magique pour moi.

la nourriture et moi : une histoire d'amour & de gourmandise

De nos jours, les messages sur l'alimentation sont extrêmement nombreux : information sur ce que nous mangeons, provenance, santé... Ce sont des messages très importants mais je trouve qu'on peut oublier une part importante de ce que représente un repas dans une journée : l'éveil de notre goût à de nouvelles saveurs. J'aime apprendre, découvrir, savourer. C'est pour cette raison que je voyage fréquemment : je pars à l'aventure du goût ! Mes séjours sont plutôt brefs, mais ils comportent un nombre de dégustations dans des restaurants impressionnant ! Quand je pars à la découverte, il m'arrive de manger jusqu'à 8 fois dans la même journée !

take away

Nous avons ouvert le Take Away l'année qui a suivi l'ouverture de Season. Au moment où la demande des clients pour ce service du « à emporter » devenait vraiment importante, et nous avons eu l'opportunité d'ouvrir dans un local voisin : Season Take Away est né.

season
Take away

oliver

« âme-sœur food »

Oliver est un cuisinier passionné, qui a fait ses armes un peu partout en Europe : Londres, Melbourne, Paris… Comme moi, il puise son inspiration dans ses voyages. Comme moi, il aime les mélanges de genre et peut parfaitement mixer un classique anglo-saxon avec des préceptes healthy ou une touche de cuisine orientale. Comme moi, il adore les idées qui fusent pour concocter de nouvelles recettes. Oliver réussit toujours à comprendre la manière dont je travaille. J'arrive avec pleins de choses en tête, des photos, des bouts de recettes, des pages de magazine, et il parvient à faire « passer mes idées dans un plat », magique ?

Et pourtant, au départ, entre nous ce n'était pas gagné car on a commencé par se disputer sur un gros malentendu, trois semaines avant l'ouverture ! Ensuite, un peu comme dans un film, notre entourage a organisé un rendez-vous à notre insu pour qu'on se réconcilie et il a accepté de faire partie de l'aventure.

estelle

mon associée

Avec Estelle, nous allons bientôt fêter nos 14 ans ! Estelle a débuté au Café crème en tant que serveuse, elle était toute jeune, et elle souhaitait faire un BTS hôtellerie en alternance. Finalement, elle a décidé de laisser de côté son projet, et elle s'est investie à temps plein dans l'équipe ! Je lui ai très rapidement donné des responsabilités au sein du Café crème, et elle a depuis gravi les échelons. De manager, elle est devenue directrice. Elle est aujourd'hui mon bras droit et en passe de devenir associée. Elle fait partie des personnes sans qui je n'aurais jamais pu créer l'ensemble de mes projets : on se connaît parfaitement, et je peux vraiment tout lui déléguer, c'est très précieux pour pouvoir avancer.

CHASE
CHASE
CHASE
CHASE
SABRETT
SABRETT

BUSES ONLY
TRUCK ROUTE
LOCAL
10 Av
NEW YORK BURGER CO.
6123

scones

***préparation :** 30 minutes*
***cuisson :** 15 minutes*

pour 4 personnes

225 g de farine
1 cuillerée à café de levure
50 g de beurre
1 pincée de sucre
1 pincée de sel
80 ml de lait

Mélanger avec les doigts la farine, la levure et le beurre coupé en morceaux. Ajouter le sucre, le sel et le lait. Travailler jusqu'à obtenir une pâte souple (ajouter de la farine si la pâte est trop collante). Sur un plan de travail fariné, étaler la pâte de façon qu'elle fasse 2 cm d'épaisseur. Préchauffer le four à 210 °C.

Découper à l'aide d'un verre ou d'un emporte-pièce des disques d'environ 10 cm de diamètre. Les déposer sur une plaque de four préalablement recouverte de papier cuisson. Faire cuire au four 15 minutes. Déguster.

CONFITURE PARISIENNE
FRAMBOISE
RECETTE POUR SEASON
LITCHI
season

confiture parisienne

J'ai rencontré Nadège et Laura de **Confiture Parisienne** par l'intermédiaire du phrasiste Benjamin Isidore Juveneton, qui est designer et plasticien. Il avait travaillé avec moi sur une eau minérale responsable, « FRENCH DO IT WATER ».
J'ai eu un véritable coup de cœur pour ces deux jeunes femmes, leur dynamisme et leur manière d'entreprendre.

Nadège et Laura confectionnent une confiture avec des matières premières sélectionnées, en petites quantités, avec un sucre de canne non raffiné, et tout cela dans un pot à la fois chic et éco-responsable ; Benjamin a tout de suite fait la connexion avec ce que je recherchais en termes de produits et il nous a mises en relation. Et il a bien fait ! On ne s'est plus lâchées. Tout s'est fait de façon très naturelle, comme si nous nous connaissions depuis longtemps.

Nadège et Laura ont ouvert une confiturerie en plein cœur de Paris le 22 juillet 2018. Elles y fabriquent toutes leurs confitures dans un laboratoire complètement vitré où les passants peuvent les regarder travailler. Season est à quelques minutes à vélo, c'est d'ailleurs comme cela que je suis livrée.

Nous avons beaucoup de points en commun sur la vision du business : cette volonté insatiable d'entreprendre qui doit forcément être d'abord un énorme plaisir pour compenser toutes les galères à côté. C'est aussi partager et rencontrer de nouvelles personnes qui elles-mêmes vont permettre de faire grandir le business et explorer de nouveaux horizons.

Nadège et Laura ont conçu pour Season une recette audacieuse et savoureuse, et je suis super contente de proposer aujourd'hui à ma carte une confiture unique à la framboise et au litchi. À chaque fois que je la goûte, je pense aux quatre grands chaudrons de cuivre dans lesquels la petite fabrique de Confiture Parisienne concocte ses délicieuses recettes.

Leur mot Season

Être le « partenaire » de Cathy, c'est entrer dans « sa famille » et partager beaucoup de choses qui peuvent avoir un rapport avec le business, ou pas ! D'ailleurs, une fois, alors que nous étions au bout du rouleau sur tout le volet « gestion du personnel », on s'est retrouvées une après-midi toutes les trois pour se regonfler mutuellement. Le lendemain on avait renfilé nos costumes de super-héroïnes et étions reparties à l'attaque !

açai bowl

***préparation** : 10 minutes*

pour 1 personne

100 g de pulpe d'açai congelée
1 banane
20 g de muesli
10 g de noix de coco râpée
5 myrtilles
10 g de pralin
10 g de graines de courge

Faire décongeler la pulpe d'açai. Mixer la banane et la pulpe d'açai.

Déposer au fond d'un bol le muesli et verser le mélange par-dessus. Placer à votre convenance le topping : noix de coco, myrtilles, pralin, graines de courge.

Vous pouvez ajouter du lait d'amande au mélange si celui-ci n'est pas assez copieux.

moringa bowl

***préparation :** 10 minutes*

pour 1 personne

1 banane
5 cl de lait d'amande
½ cuillerée à café de poudre de moringa
20 g de muesli
10 g de noix de coco râpée
5 myrtilles
10 g de pralin
10 g de graines de courge

Mixer la banane coupée en morceaux, le lait d'amande et la poudre de moringa.

Déposer dans le fond d'un bol le muesli et verser le mélange par-dessus. Placer à votre convenance le topping : noix de coco râpée, myrtilles, pralin, graines de courge.

barres season

***préparation :** 10 minutes*
***cuisson :** 5 minutes*
***réfrigération :** 1 heure*

---

pour 4 personnes

180 g de carrés de chocolat noir
200 g de flocons d'avoine
20 g de raisins secs
10 g de noix de coco râpée
40 g d'amandes pilées
20 g de purée d'amandes

Dans une casserole, faire fondre le chocolat sur feu doux pendant 5 minutes, puis ajouter les flocons d'avoine. Hors du feu, mélanger avec les raisins secs, la noix de coco, les amandes pilées et la purée d'amandes. Sur une plaque, disposer une feuille de papier sulfurisé et étaler la préparation (de l'épaisseur de votre choix). Placer 1 heure au réfrigérateur. Découper des barres et déguster.

Vous pouvez ajouter les ingrédients de la recette comme décoration.

smoothie bowl chaud

***préparation** : 25 minutes*
***cuisson** : 25 minutes*

pour 2 personnes

100 g de quinoa blanc
250 ml d'eau
100 g de figues séchées entières (juteuses et tendres)
375 ml de lait d'amande
1 cuillerée à soupe de tahini
2 cuillerées à café de miel
½ cuillerée à café de cannelle
¼ de cuillerée à café de cardamome moulue
1 petite banane coupée en rondelles

topping

6 figues séchées coupées en deux
2 cuillerées à soupe de pistaches hachées

crumble de quinoa au miel

1 cuillerée à soupe d'huile de coco
50 g de quinoa blanc
1 cuillerée à soupe de miel
1 cuillerée à soupe de graines de sésame
½ cuillerée à soupe de cannelle en poudre

Préparer le crumble : faire chauffer l'huile de coco dans une poêle sur feu moyen, verser le quinoa, le miel, les graines de sésame et la cannelle, et faire cuire environ 5 minutes jusqu'à l'obtention d'une couleur légèrement dorée. Répartir cette préparation sur une plaque à pâtisserie recouverte d'une feuille de papier sulfurisé. Laisser refroidir avant de la casser en morceaux.

Verser le quinoa et l'eau dans une petite casserole et porter à ébullition. Baisser le feu et laisser cuire environ 15 minutes à couvert, jusqu'à ce que le quinoa soit tendre. Retirer la casserole du feu. Déposer les figues séchées, le lait d'amande, le tahini, le miel et les épices dans une autre casserole. Faire frémir puis retirer du feu.

Mélanger le quinoa, le lait d'amande à la figue et les rondelles de banane jusqu'à l'obtention d'une texture homogène. Verser dans deux bols et répartir les figues fraîches, les pistaches hachées et le crumble.

muesli green beast

***préparation :** 5 minutes*

pour 1 personne

250 g de muesli Green Beast de Dear Muesli
20 g de fromage blanc

topping
10 g de myrtilles
10 g de framboises

Verser le fromage blanc puis le muesli dans un bol. Parsemer de myrtilles et de framboises.

MUESLI

dear muesli

Un concept authentique
Dear Muesli, c'est l'histoire de trois garçons, Sylvain, Dikon et Bakang, qui partagent les mêmes valeurs : se faire plaisir tout en se faisant du bien. Et là, Season et Dear Muesli se rejoignent totalement ! Ces valeurs, ce sont leurs mères respectives qui les leur ont transmises. Elles leur concoctaient des mueslis maison et refusaient d'acheter les marques bien trop sucrées des supermarchés. Ils choisissaient les mélanges à leur guise, au gré de leurs envies. « Nos recettes sont inspirées par celles que nous faisaient nos mères quand nous étions enfants », c'est ainsi qu'ils racontent l'aventure de leur entreprise.

J'ai tout de suite été touchée par leur histoire, leur manière d'aborder la création d'entreprise. J'adore l'authenticité de leur concept ! Et ils ont adhéré immédiatement aux envies que j'avais pour Season. Lorsqu'on a commencé à travailler ensemble, c'était un challenge pour moi, le lieu était en travaux, mais ils ont eu envie de faire partie de l'aventure.

Ils travaillent énormément pour y arriver, ils possèdent les mêmes valeurs que moi. Ils me boostent et me soutiennent aussi par moments, on échange beaucoup.

Leur mot Season

« On a tout de suite senti que ton concept correspondait à notre vision du monde de la restauration saine. On a les mêmes influences et les mêmes envies ! »

granola season

préparation : 10 minutes
cuisson : 10 minutes

pour 5 personnes

40 g d'huile de coco
100 g de sirop d'érable
300 g de flocons d'avoine
50 g de noix de coco râpée
50 g d'amandes hachées
100 g de noix de pécan

Préchauffer le four à 180 °C.

Dans une casserole, faire fondre l'huile de coco avec le sirop d'érable à feu doux pendant 2 minutes. Retirer du feu et ajouter les flocons d'avoine, la noix de coco râpée, les amandes hachées et les noix de pécan. Mélanger le tout.

Étaler la préparation sur une plaque de cuisson recouverte de papier sulfurisé. Enfourner pour 12 minutes. Laisser refroidir hors du four et conserver dans un bocal.

porridge vegan

***préparation :** 10 minutes*
***cuisson :** 10 minutes*

pour 5 personnes

porridge
240 g de flocons d'avoine
1 l de lait d'amande
50 g de sucre roux
3 g de cannelle

décoration
1 pomme
15 dattes
miel
amandes hachées
cannelle

Préparer le porridge. Placer les ingrédients dans une casserole et faire cuire 5 minutes à feu doux jusqu'à l'obtention d'une mixture épaisse.

Couper la pomme et les dattes en petits cubes. Dans une assiette creuse, placer le porridge, les morceaux de pomme et de datte. Verser un peu de miel et saupoudrer d'amandes hachées et de cannelle.

cali breakfast

préparation : 10 minutes
cuisson : 40 minutes

pour 5 personnes

riz
200 g de riz noir
2 g de cannelle
2 g de cardamome
50 g de sucre

compote de mangue
1 mangue
50 g de sucre

décoration
sésame noir
gomasio
raisins secs noirs et jaunes
lait de coco

Dans une casserole, faire cuire le riz dans de l'eau à feu doux pendant 40 minutes. Il doit être tendre en bouche. Ajouter les épices et 50 g de sucre. Mélanger.

Dans une autre casserole, faire cuire à feu doux pendant 15 minutes la mangue épluchée et coupée en morceaux et 50 g de sucre jusqu'à l'obtention d'une compote.

Déposer le tout dans un bol et décorer selon votre convenance.

fresh bircher

***préparation :** 10 minutes*
***repos :** 1 nuit*

pour 5 personnes

bircher
180 g de flocons d'avoine
180 g de jus de pomme
180 g de jus d'orange
50 g de sucre roux
le zeste de 1 orange
15 g de noix de coco râpée
220 g de fromage blanc

décoration
1 pomme verte
raisins secs noirs et jaunes
noix de coco

Mélanger tous les ingrédients du bircher et laisser reposer 1 nuit au réfrigérateur. Découper la pomme en julienne. La disposer sur le bircher avec du raisin et de la noix de coco râpée.

energy balls

pink

préparation : 10 minutes

---

pour 2 à 4 balls

100 g d'amandes entières
50 g de pistaches
20 g de graines de sésame noir
70 g de noix de pécan
250 g de dattes dénoyautées
2 cuillerées à soupe de lait d'amande
1 cuillerée à café de poudre
de betterave

Mixer tous les ingrédients jusqu'à l'obtention une sorte de pâte (il restera forcément des morceaux).

Placer la pâte dans un bol et, avec les mains (propres), former des boules.

green

préparation : 10 minutes

---

pour 2 à 4 balls

100 g d'amandes entières
100 g de graines de courge
70 g de noix de cajou
2 cuillerées à soupe de noix
de coco rapée
250 g de dattes dénoyautées
2 cuillerées à soupe de lait d'amande
1 cuillerée à café de poudre
de moringa

Mixer tous les ingrédients jusqu'à l'obtention d'une sorte de pâte (il restera forcément des morceaux).

Placer la pâte dans un bol et, avec les mains (propres), former des boules.

pancakes d'Oliver

***préparation :** 30 minutes*
***cuisson :** 12 minutes*

pour 8 personnes

pâte à pancakes
700 g de farine
7 œufs
1 l de lait
50 g de levure

dressage
16 tranches de bacon
200 g de mascarpone
1 cuillerée à soupe de fleur d'oranger
sirop d'érable
noix de pécan

matériel
2 emporte-pièces de 10 cm de diamètre
1 pinceau et 1 filet d'huile
1 poêle antiadhésive

Mélanger la farine, les œufs, le lait et la levure avec un mixeur. Graisser d'huile la poêle et les emporte-pièces avec un pinceau. Faire chauffer la poêle sur feu doux pendant 2 minutes. Placer les emporte-pièces dans la poêle. Déposer la pâte dans les emporte-pièces et laisser cuire 2 minutes de chaque côté. Retirer les emporte-pièces lorsque la première face est cuite.

Faire griller le bacon au four pendant 5 minutes jusqu'à ce qu'il soit croustillant. Mélanger le mascarpone et la fleur d'oranger.

Dans une assiette, verser du sirop d'érable et empiler 3 pancakes. Déposer 1 cuillerée à soupe de mascarpone à la fleur d'oranger, 2 tranches de bacon et des noix de pécan.

pancakes caramel

***préparation :** 30 minutes*
***cuisson :** 48 minutes*

pour 8 personnes

pâte à pancakes
700 g de farine
7 œufs
1 l de lait
50 g de levure

caramel
100 g de sucre
60 g d'eau
30 cl de crème liquide
14 g de purée d'amandes
4 g de noix de coco râpée
4 g d'amandes hachées

dressage
4 bananes
noix de pécan
amandes hachées

matériel
2 emporte-pièces
de 10 cm de diamètre
1 pinceau et 1 filet d'huile
1 poêle antiadhésive

Mélanger les ingrédients de la pâte à pancakes avec un mixeur. Graisser d'huile la poêle et les emporte-pièces avec un pinceau. Placer les emporte-pièces sur la poêle. Faire chauffer à feu doux pendant 2 minutes. Déposer la pâte dans les emporte-pièces. Laisser cuire 2 minutes de chaque côté en retirant les emporte-pièces lorsque la première face est cuite.

Préparer le caramel. Dans une casserole, verser le sucre et l'eau. Faire cuire à feu vif jusqu'à l'obtention d'un caramel foncé. Ajouter lentement la crème liquide. Ajouter petit à petit la purée d'amandes, la noix de coco et les amandes hachées.

Dans une assiette, verser le caramel et empiler trois pancakes. Couper les bananes en fines lamelles et les placer sur les pancakes. Placer des noix de pécan et saupoudrer d'amandes hachées.

green pancakes

***préparation :** 30 minutes*
***cuisson :** 52 minutes*
***repos :** 20 minutes*

pour 8 personnes

pâte à pancakes
675 g de farine
25 g de poudre de moringa
7 œufs
1 l de lait
50 g de levure

crème au chocolat
40 g de chocolat blanc
20 ml de crème liquide
200 g de mascarpone

dressage
sirop d'érable
quelques noix de pécan
quelques myrtilles

matériel
2 emporte-pièces
de 10 cm de diamètre
1 pinceau et 1 filet d'huile
1 poêle antiadhésive

Mélanger la farine, la poudre de moringa, les œufs, le lait et la levure avec un mixeur. Graisser d'huile la poêle et les emporte-pièces avec un pinceau. Faire chauffer la poêle sur feu doux pendant 2 minutes. Placer les emporte-pièces dans la poêle. Déposer la pâte dans les emporte-pièces et laisser cuire 2 minutes de chaque côté. Retirer l'emporte-pièce lorsque la première face est cuite.

Mélanger le chocolat blanc et la crème liquide et faire cuire dans une casserole à feu doux 2 minutes. Ajouter le mascarpone. Laisser reposer 20 minutes au réfrigérateur.

Dans une assiette, verser du sirop d'érable et empiler 3 pancakes. Déposer 1 cuillerée à soupe de mascarpone au chocolat, puis des noix de pécan et des myrtilles.

la brûlerie de belleville

C'est en lisant un petit encart dans un magazine que j'ai découvert **la brûlerie de Belleville**. L'article expliquait l'aventure de deux jeunes entrepreneurs passionnés par le café. À moins de 30 ans, se lancer à Paris dans la torréfaction artisanale du café, j'étais bluffée.

J'ai donc suivi leur parcours. Je ne pouvais pas travailler immédiatement avec eux, parce que j'étais engagée par des contrats : avant Season, je me fournissais auprès de grosses entreprises.

Mais j'ai conservé les coupures des magazines qui parlaient d'eux, et ils étaient de plus en plus nombreux. J'ai observé leur développement, et j'ai adoré leur état d'esprit. Comment résister à l'humour décalé d'un torréfacteur qui affiche comme devise « **Nous croyons au véritable jus de chaussette** » ! « **Face à la mer ou en pantoufles, je bois du Belleville !** »

Dès que j'ai trouvé le lieu idéal pour Season, je les ai contactés...par mail, en remplissant un formulaire. Franchement, en envoyant mon message, je priais pour que mon projet résonne comme une évidence pour eux !
Et j'ai reçu une proposition de rendez-vous quelques jours après ! Rencontrer d'authentiques torréfacteurs, qui se déplacent eux-mêmes au Honduras, au Guatemala, au Costa Rica, qui découvrent chaque jour de nouvelles saveurs et de nouveaux arômes, je peux vous dire que j'avais la pression ! Je me suis déplacée pour une première rencontre avec Estelle, mon bras droit, mon bras gauche, et associée aujourd'hui.

Ce qui est amusant, c'est que les fondateurs de la Brûlerie de Belleville m'ont avoué deux ans plus tard qu'ils étaient tout aussi impressionnés par cette entrevue !

pancake clafoutis

préparation : 20 minutes
cuisson : 10 minutes

pour 2 personnes

200 g de farine
50 g de sucre
2 œufs
200 g de lait
2 cuillerées à café de levure
20 g de myrtilles
20 g de framboises
beurre pour les moules

matériel
1 poêle en fonte de 16 cm de diamètre
ou 1 moule à gâteau de 16 cm de diamètre

Préchauffer le four à 210 °C. Mixer la farine, le sucre, les œufs, le lait et la levure jusqu'à l'obtention d'une pâte sans grumeaux.

Dans deux petits moules graissés, placer les myrtilles et les framboises. Répartir équitablement la pâte dans les deux moules et enfourner pour 10 minutes.

french toasts

***préparation :** 15 minutes*
***cuisson :** 10 minutes*

pour 2 personnes

3 œufs
1 cuillerée à café de cannelle en poudre
2 grandes tranches épaisses de brioche
40 g de beurre
100 g de carrés de chocolat noir
20 g de crème liquide
20 g de sirop d'érable
20 g de tahini

Dans un bol, battre les œufs avec la cannelle. Tremper les tranches de brioche dedans et les déposer dans une assiette. Faire fondre 20 g de beurre dans une poêle sur feu doux. Faire cuire de chaque côté les tranches de brioche jusqu'à ce qu'elles soient dorées.

Dans une casserole, faire fondre les carrés de chocolat avec 20 g de beurre et la crème liquide sur feu doux. Pendant la cuisson, mélanger avec une cuillère jusqu'à l'obtention d'une sauce épaisse. Réserver.

Mélanger le sirop d'érable et le tahini. Napper les tranches de brioche de cette préparation puis verser la sauce au chocolat dessus.

banana tartines

***préparation :** 15 minutes*

pour 2 personnes

4 tranches de pain sans gluten
300 g de purée d'amandes complètes
1 banane
4 g de raisins secs jaunes et noirs
4 g d'amandes hachées
8 g de miel

Toaster les tranches de pain. Tartiner de purée d'amandes. Découper la banane en rondelles et les disposer sur les tranches de pain. Parsemer de raisins secs et d'amandes hachées, puis verser le miel par-dessus.

tartines de ricotta

***préparation :** 10 minutes*

---

pour 2 personnes

30 g de miel
200 g de ricotta
4 tranches de pain de campagne
100 g de framboises
100 g de myrtilles
100 g de mûres
100 g de groseilles
1 pincée de graines de pavot

Mélanger 24 g de miel avec la ricotta. Toaster les tranches de pain. Tartiner de crème de ricotta. Déposer les fruits rouges, parsemer de graines de pavot et verser le reste de miel.

Take away

scones

œufs brouillés

***préparation :** 25 minutes*
***cuisson :** 18 minutes*

pour 4 personnes

scones
225 g de farine
1 cuillerée à café de levure
50 g de beurre
1 pincée de piment en poudre
120 g de cheddar râpé
1 pincée de sel
80 ml de lait
¼ d'avocat
1 cuillerée à soupe de ricotta

œufs brouillés
8 œufs
6 cuillerées à soupe de lait
60 g de beurre
1 pincée de sel
1 pincée de poivre
quelques brins de ciboulette
10 g de cébettes

Préparer les scones : mélanger la farine, la levure et le beurre avec les doigts. Ajouter le piment, 100 g de cheddar, le sel puis le lait. Travailler jusqu'à l'obtention d'une pâte souple (ajouter de la farine si elle est trop collante). Sur un plan de travail fariné, étaler la pâte sur 2 cm d'épaisseur. Préchauffer le four à 210 °C. Découper des disques de 10 cm de diamètre. Les déposer sur une plaque de four, préalablement recouverte de papier cuisson, et parsemer des 20 g de cheddar restants. Enfourner 15 minutes.

Préparer les œufs brouillés : dans une casserole, casser les œufs puis ajouter le lait, 30 g de beurre, le sel et le poivre. Laisser cuire à feu très doux, pendant 3 minutes sans cesser de fouetter, jusqu'à ce qu'ils prennent la consistance d'une crème. Hors du feu, incorporer le reste du beurre en fouettant.

Placer les œufs dans une assiette, parsemer de cébettes hachées. Couper le scone en deux dans l'épaisseur, garnir de lamelles d'avocat et de ricotta et déguster.

crème d'avocat

préparation : 10 minutes

---

pour 2 personnes

2 avocats (environ 240 g)
3 g de gomasio
1 g de piment d'Espelette
1 g de sel
1 g de poudre de curry
5 g de moutarde à l'ancienne
4 g d'ail écrasé
14 g de jus de citron vert

Couper les avocats en deux.

Piquer la pointe d'un couteau dans le noyau et retirer ce dernier à l'aide d'une cuillère à soupe. Retirer la chair de sa « coque ».

Couper les avocats en gros morceaux dans un bol et écraser avec une fourchette. Ajouter le reste des ingrédients (ou mixer l'ensemble). Laisser reposer 10 minutes au réfrigérateur.

tartines avocat

***préparation :** 15 minutes*

---

pour 2 personnes

2 avocats (environ 240 g) coupés en morceaux
4 g de gomasio
2 g de piment d'Espelette
1 g de sel
1 g de poudre de curry
5 g de moutarde à l'ancienne
4 g d'ail écrasé
14 g de jus de citron vert
6 tranches de pain aux céréales
15 g de roquette

Déposer tous les ingrédients (sauf les tranches de pain, la roquette et 1 g de gomasio et de piment d'Espelette à saupoudrer) dans un récipient et mixer avec un mixeur plongeant. Laisser reposer 10 minutes au réfrigérateur.

Toaster les tranches de pain. Tartiner de crème d'avocat. Saupoudrer de gomasio et de piment d'Espelette. Déposer les feuilles de roquette.

avocat grillé

***préparation :** 10 minutes*
***cuisson :** 15 minutes*

pour 2 personnes

2 avocats
4 œufs

Préchauffer le four à 180 °C. Couper les avocats en deux et enlever le noyau. Casser les œufs et les placer dans le creux de chaque demi-avocat. Faire cuire au four pendant 15 minutes.

tartines avocat

saumon-chèvre

***préparation :** 30 minutes*
***marinade :** 3 heures*

pour 2 personnes

250 g de saumon (frais, tranché)
10 g de sauce soja
10 g d'huile de sésame grillé
5 g de gingembre râpé
6 tranches de pain aux céréales
100 g de chèvre frais
15 g de pousses de betterave

crème d'avocat
2 avocats (environ 240 g) coupés en morceaux
3 g de gomasio (+1 pincée pour saupoudrer)
1 g de piment d'Espelette (+ 1 pincée pour saupoudrer)
1 g de sel
1 g de poudre de curry
5 g de moutarde à l'ancienne
4 g d'ail écrasé
14 g de jus de citron vert

Faire mariner le saumon dans la sauce soja, l'huile de sésame et le gingembre râpé pendant 3 heures. Préparer la crème d'avocat (voir recette p. 70) : déposer tous les ingrédients (sauf le gomasio et le piment d'Espelette à saupoudrer) dans un récipient et mixer avec un mixeur plongeant. Laisser reposer 10 minutes au réfrigérateur.

Toaster les tranches de pain. Tartiner de chèvre frais puis de crème d'avocat. Déposer les tranches de saumon dessus. Saupoudrer de gomasio et de piment d'Espelette. Parsemer de pousses de betterave.

noholita's tartines

***préparation :** 15 minutes*

---

pour 2 personnes

2 avocats (environ 240 g) coupés en morceaux
3 g de gomasio (+ 1 g pour saupoudrer)
1 g de piment d'Espelette (+ 1 g pour saupoudrer)
1 g de sel
1 g de poudre de curry
5 g de moutarde à l'ancienne
4 g d'ail écrasé
14 ml de jus de citron vert
6 tranches de pain aux céréales
15 g de roquette
200 g de halloumi

œufs pochés
2 œufs
1 l de vinaigre de vin blanc
2 g de sel

dressage
2 tranches de bacon

Préparer la crème d'avocat (voir p. 70) : mixer tous les ingrédients (sauf les tranches de pain, la roquette, le halloumi, le gomasio et le piment d'Espelette à saupoudrer) avec un mixeur plongeant. Laisser reposer 10 minutes au réfrigérateur.

Toaster les tranches de pain. Couper le halloumi en fines tranches puis les faire griller à la poêle. Dans une poêle à sec, faire griller les tranches de bacon à feu fort pendant 5 minutes.

Tartiner le pain de crème d'avocat. Saupoudrer de gomasio et de piment d'Espelette, déposer les tranches de halloumi, puis les feuilles de roquette par-dessus.

Dans une grande casserole, verser 1 litre d'eau, puis 1 litre de vinaigre de vin blanc et le sel. Lorsque l'eau bout, casser les œufs un par un dans un verre et les verser doucement dans la casserole. Laissez cuire 3 minutes en tournant délicatement les œufs à l'aide d'une écumoire.

Déposer une tranche de bacon et un œuf poché sur chaque tartine et servir.

season family

Camille C (@Noholita) « J'aime y passer du temps, j'aime ce sentiment de ne plus avoir envie de bouger ». J'ai tout de suite eu un coup de cœur pour Camille, nous avons même fait quelques voyages ensemble. Lors d'un de ses déplacements en Australie elle m'avait parlé du halloumi, un petit fromage dont elle raffole. Et, depuis, j'ai ajouté une tartine halloumi avocat au menu Season, et elle s'appelle « Noholita's tartines ».

Lili Pour Lili, Season, c'est « home sweet home ». Dans la famille des Camille et Camille, je demande… Lili ! Lili est leur amie, et j'adore quand on se retrouve. Season est un peu devenu leur point de rencontre !

Thoaï Thoaï est du matin. Il a commencé à venir dès le café crème, et depuis il suit aussi toutes mes ouvertures.

Camille F (@holycamille) « De l'avocat, du halloumi, de la patate douce. Tout ce dont j'ai besoin ! ». Chez Season, c'est Camille C qui m'a présenté Camille F. J'ai tout de suite accroché avec elle, se sont ensuivis de nombreux « goûters » chez Season : on adore passer du temps à discuter tout en dégustant des burritos et des pancakes.

œufs

pochés

***préparation :** 5 minutes*
***cuisson :** 3 minutes*

---

pour 2 personnes

1 l de vinaigre de vin blanc
4 œufs
2 g de sel

Dans une grande casserole, verser 1 litre d'eau, puis 1 litre de vinaigre de vin blanc et le sel. Lorsque l'eau bout, casser les œufs un par un dans un verre et les verser doucement dans la casserole.

Laisser cuire 3 minutes en tournant délicatement les œufs sur eux-mêmes à l'aide d'une écumoire. Servir tout de suite ou conserver dans l'eau glacée si les œufs sont servis plus tard.

brouillés

***préparation :** 5 minutes*
***cuisson :** 3 minutes*

---

pour 2 ou 3 personnes

8 œufs
6 cuillerées à soupe de lait
60 g de beurre
1 pincée de sel
1 pincée de poivre

Dans une casserole, casser les œufs puis ajouter le lait, 30 g de beurre, le sel et le poivre.Laisser cuire à feu très doux, pendant 3 minutes environ, sans cesser de fouetter les œufs, jusqu'à ce qu'ils prennent la consistance d'une crème.

Hors du feu, incorporer le reste du beurre en continuant de fouetter.

avocado benedict

***préparation :** 40 minutes*
***cuisson :** 23 minutes*

pour 6 personnes

crème d'avocat (voir recette p. 70)
4 avocats (environ 480 g)
6 g de gomasio
2 g de piment d'Espelette
2 g de sel
2 g de poudre de curry
10 g de moutarde à l'ancienne
8 g d'ail écrasé
28 g de jus de citron vert

œufs pochés
12 œufs
1 l de vinaigre de vin blanc
2 g de sel

sauce Bénédicte
500 g de beurre
5 jaunes d'œufs
25 g d'eau
25 g de vinaigre de vin blanc
1 pincée de sel
1 pincée de poivre

dressage
3 pains buns (pain à burger sans gluten)
2 g de ciboulette hachée
2 g de gomasio
2 g de piment d'Espelette en poudre

Préparer la crème d'avocat (voir recette p. 70). Préparer 12 œufs pochés (voir recette p. 82).

Préparer la sauce Bénédicte : clarifier le beurre en le faisant fondre au bain-marie pendant 15 à 20 minutes. Enlever à l'aide d'une cuillère l'écume du beurre. Séparer les jaunes et les blancs de 5 œufs. Placer les jaunes dans un bain-marie. Y ajouter 25 g d'eau et 25 g de vinaigre de vin blanc, 1 pincée de sel et 1 pincée de poivre. Mélanger et faire cuire à feu doux jusqu'à l'obtention d'une crème épaisse. Ajouter petit à petit le beurre fondu tout en continuant à mélanger.

Couper les buns en deux dans l'épaisseur. Les faire toaster.

Sur chaque demi-bun placer 1 œuf poché et verser la sauce Bénédicte. Agrémenter de ciboulette, de gomasio et de piment d'Espelette.

peas tartines

***préparation** : 20 minutes*
***cuisson** : 4 minutes*

pour 2 personnes

250 g de petits pois
100 g de Philadelphia®
10 g de wasabi
17 g de menthe fraîche
1 pincée de sel
6 tranches de pain de campagne
10 g de pousses de betterave
4 g de gomasio
4 g de graines de sésame

œufs pochés
2 œufs
1 litre de vinaigre de vin blanc
2 g de sel

Faire cuire pendant 4 minutes les petits pois dans de l'eau à ébullition. Réserver 50 g de petits pois cuits pour la décoration.

Mixer le fromage, le wasabi, la menthe, les 200 g de petits pois cuits et le sel.

Toaster le pain. Étaler la purée de petits pois dessus. Déposer les pousses de betterave, le gomasio, les graines de sésame et les 50 g de petits pois. Saler.

Dans une grande casserole, verser 1 litre d'eau, puis 1 litre de vinaigre de vin blanc et le sel. Lorsque l'eau bout, casser les œufs un par un dans un verre et les verser doucement dans la casserole. Laissez cuire 3 minutes en tournant délicatement l'œuf à l'aide d'une écumoire.

Déposer 1 œuf poché sur chaque tartine et servir.

beetroot houmous tartines

***préparation** : 40 minutes*
***cuisson** : 40 minutes*

pour 2 personnes

200 g de betterave crue
50 g de vinaigre balsamique
200 g de ricotta
4 tranches de pain aux céréales
2 avocats
2 g de gomasio
4 g de germes de betterave
15 g de pousses de betterave

Dans une grande quantité d'eau, faire cuire 40 minutes la betterave crue en y ajoutant 50 g de vinaigre balsamique. Une fois cuite, l'éplucher. La mixer avec la ricotta.

Faire griller le pain aux céréales, le tartiner de houmous de betterave. Éplucher et découper l'avocat en fines lamelles et les déposer sur les tranches de pain. Saupoudrer de gomasio, parsemer de germes et de pousses de betterave.

butternut houmous tartines

***préparation :** 30 minutes*
***cuisson :** 20 minutes*

pour 2 personnes

200 g de ricotta
2 cuillerées à café d'huile d'olive
1 pincée de sel
300 g de butternut coupée en tranches fines
4 tranches de pain aux céréales sans gluten
5 g de ciboulette hachée
¼ d'oignon rouge coupé en lamelles
20 g d'amandes concassées

Préchauffer le four à 180 °C. Mélanger la ricotta avec 1 cuillerée à café d'huile d'olive et le sel jusqu'à l'obtention d'une mousse crémeuse. Badigeonner les tranches de butternut de 1 cuillerée à café d'huile d'olive. Les mettre au four pour 20 minutes. Toaster les tranches de pain puis les tartiner de ricotta.

Disposer les tranches de butternut sur le pain. Répartir les lamelles d'oignon rouge, les amandes concassées et la ciboulette.

bagels

***préparation :** 15 minutes*
***cuisson :** 5 minutes*

pour 2 personnes

3 œufs
2 pains bagels au sésame
300 g de purée de noix de cajou
60 g de harissa
1 avocat

ketchup maison
500 g de tomates fraîches
500 g de purée de paprika
1 piment rouge haché
50 g de sucre
500 ml d'eau

Préparer le ketchup maison : dans une poêle, faire cuire les tomates avec le sucre, le piment et l'eau pendant 10 à 15 minutes sur feu moyen, jusqu'à obtenir une purée. Ajouter le paprika puis mixer au mixeur plongeant.

Battre les œufs dans un bol. Verser la moitié dans une petite poêle afin de réaliser une omelette très fine (idéalement, utiliser une poêle à crêpes). Laisser cuire quelques minutes. Recommencer avec le reste d'œufs battus.

Couper les bagels en deux dans l'épaisseur, les toaster. Étaler la purée de noix de cajou sur une face et la harissa sur une autre. Déposer chaque omelette sur la purée de noix de cajou. Éplucher et découper en fines lamelles l'avocat et les répartir sur les omelettes. Ajouter le ketchup. Refermer les pains.

sweet corns

***préparation :** 1 heure*
***cuisson :** 1 h 16*

pour 5 personnes

5 œufs
550 g de crème d'avocat
(voir recette p. 70)
Huile de tournesol
Vinaigre de vin blanc

crêpes
600 g de patate douce
200 g de farine
6 œufs
½ botte de coriandre
1 cuillerée à café de levure
Le zeste de 1 citron vert
100 g de maïs en boîte

Éplucher la patate douce et la découper en morceaux. La faire cuire dans une grande quantité d'eau sur feu vif pendant 15 minutes. Mixer la farine, les œufs, la coriandre, la levure, le zeste de citron vert et la patate douce jusqu'à l'obtention d'une purée. Ajouter le maïs.

Faire chauffer une poêle huilée sur feu vif pendant 1 minute et déposer la pâte. Former les mini-crêpes, une par une. Les faire cuire 4 minutes par face. Réaliser 3 crêpes par personne.

Faire chauffer 1 litre d'eau additionnée de 100 ml de vinaigre de vin blanc, dans une grande casserole. À ébullition, casser les œufs un par un dans l'eau et les laisser cuire 3 minutes.

Superposer 3 mini-crêpes dans cinq assiettes en étalant 1 cuillerée à soupe de crème d'avocat entre elles. Servir tout de suite avec les œufs.

shakshuka

préparation : *40 minutes*
cuisson : *25 minutes*

pour 2 personnes

1 pincée de sel
50 ml d'huile d'olive
1 grosse pomme de terre (coupée en tranches)
2 poivrons rouges tranchés
2 gousses d'ail épluchées et écrasées
1 piment rouge tranché
1 oignon rouge tranché
2 cuillerées à café de cumin en poudre
1 petite cuillerée à café de coriandre en poudre
1 cuillerée à soupe de harissa
800 g de tomates concassées
1 cuillerée à soupe de concentré de tomate
2 merguez
2 œufs

Dans une marmite, mettre le sel et l'huile d'olive et faire cuire la pomme de terre, les poivrons, l'ail, le piment et l'oignon à feu doux pendant 10 minutes. Ajouter les épices. Faire cuire 2 minutes. Ajouter les tomates concassées et le concentré de tomate et faire cuire jusqu'à ce que les morceaux de pommes de terre soient cuits.

Faire griller les merguez à la poêle. Les couper en rondelles.

Déposer dans deux petites poêles les légumes, la sauce et les merguez et laisser cuire à feu doux. Casser par-dessus les œufs et laisser mijoter jusqu'à ce que les blancs d'œuf soient cuits.

frittata verde

***préparation :** 20 minutes*
***cuisson :** 7 minutes*

pour 6 personnes

6 œufs
160 g de courgette coupée en cubes
60 g de pousses d'épinard
40 g de parmesan en poudre
1 cuillerée à café de cumin
20 g d'oignon nouveau
20 g de copeaux de parmesan
10 g d'huile d'olive

Préchauffer le four à 180 °C. Mixer tous les ingrédients (sauf les copeaux de parmesan et l'huile d'olive) jusqu'à l'obtention d'une pâte liquide.

Faire chauffer une poêle avec l'huile d'olive sur feu vif. Verser la pâte liquide, mélanger puis enfourner la poêle pour 5 minutes. Parsemer de copeaux de parmesan avant de servir.

rice salad

***préparation :** 1 heure*
***cuisson :** 35 minutes*
***repos :** 1 nuit*

pour 2 personnes

200 g de riz brun médium
960 ml d'huile de colza
1 pincée de sel
1 pincée de poivre noir
5 cm de gingembre coupé en deux
60 ml de jus de citron
2 petits concombres
13 g de menthe fraîche hachée
13 g de coriandre hachée
2 oignons épluchés et émincés
1 cuillerée à café de Tabasco
1 œuf

La veille, faire cuire le riz dans de l'eau bouillante salée pendant 30 minutes en mélangeant. Égoutter le riz 10 minutes. L'étaler sur une serviette à plat, sur une plaque de four, et réserver au réfrigérateur toute la nuit, sans le recouvrir, pour qu'il sèche. Le lendemain, verser l'huile de colza dans une cocotte et la faire chauffer sur feu vif. Verser doucement le riz en une fois (attention aux éclaboussures). Mélanger après 1 à 2 minutes, quand le riz a pris une coloration dorée. Une fois le riz croustillant, le déposer sur un plateau préalablement recouvert de d'essuie-tout. Saler et poivrer, puis laisser refroidir. Faire infuser le gingembre dans le jus de citron pendant 30 minutes.

Casser l'œuf dans une poêle antiadhésive et le faire cuire pendant 4 minutes. Verser le riz froid dans un saladier. Le mélanger avec les doigts afin de décoller les gros morceaux. Ajouter le concombre épluché et coupé en dés, la menthe, la coriandre et les oignons. Verser 1 cuillerée à soupe de jus de citron sans le gingembre et 1 cuillerée à café de Tabasco. Mélanger. Ajouter du jus de citron selon votre convenance. Déposer l'œuf au plat.

noodle salad

***préparation :** 40 minutes*
***cuisson :** 9 minutes*

pour 2 personnes

Sauce au gingembre (voir recette p. 116)
2 filets de poulet
2 œufs
1 petite cuillerée de poudre de curry
60 g de chapelure panko
50 cl d'huile de tournesol
200 g de nouilles de riz
10 g de coriandre hachée
20 g de salade romaine hachée
100 g de chou chinois haché
10 g de menthe hachée
1 g de piment vert coupé en rondelles
10 g d'oignons nouveaux coupés en tranches
50 g de noix de cajou
60 g d'edamames

Préparer la sauce au gingembre. Couper en deux dans la longueur les filets de poulet. Mélanger les œufs avec la poudre de curry. Tremper les filets de poulet dedans puis dans la chapelure. Faire chauffer l'huile de tournesol dans une casserole sur feu vif pendant 4 minutes. Une fois l'huile bien chaude, faire frire les filets de poulet panés.

Dans une casserole, faire bouillir de l'eau salée, y mettre les nouilles de riz et les laisser cuire 5 minutes. Les égoutter et les laisser refroidir. Mélanger la coriandre, la salade romaine, le chou chinois, la menthe, le piment, les oignons nouveaux, les noix de cajou et les edamames. Dresser l'assiette à votre convenance.

kale caesar salad

préparation : 20 minutes

pour 2 personnes

2 jaunes d'œuf
50 g de moutarde de Dijon
100 ml d'eau
2 gousses d'ail
70 g de parmesan en poudre
50 g d'anchois
2 g de sauce Worcestershire
1 pincée de sel
500 ml d'huile de tournesol
150 g de chou kale
150 g de pousses d'épinard frais
100 g de pain de campagne
1 avocat
1 poignée de roquette
80 g de copeaux de parmesan

Préparer la sauce : à l'aide d'un mixeur plongeant, mélanger les jaunes d'œuf, la moutarde, l'eau, 1 gousse d'ail épluchée et hachée, le parmesan en poudre, les anchois, la sauce Worcestershire et le sel. Au fur et à mesure, verser doucement de l'huile de tournesol jusqu'à l'obtention d'une sauce très crémeuse.

Préparer la salade : masser le chou kale pendant 2 minutes et trancher les feuilles. Le mélanger avec les pousses d'épinard et la sauce.

Préparer les croûtons : couper des tranches de pain et les frotter avec 1 gousse d'ail. Les badigeonner d'huile de tournesol. Découper les tranches en petits dés et les faire griller au four. Les incorporer dans la salade.

Dresser l'assiette : couper l'avocat en fines lamelles et les disposer sur la salade. Déposer les feuilles de roquette et parsemer de copeaux de parmesan.

salade de saumon mariné

***préparation :** 3 heures*

pour 6 personnes

600 g de saumon cru (en tranches)
20 g d'huile de sésame grillé
20 g de sauce soja
8 g de gingembre râpé
1 mangue (assez grosse)
600 g de salade mélangée
40 g de germes de betterave
50 g de graines de courge
10 g de gomasio
120 g de gingembre rose vinaigré

Faire mariner le saumon dans l'huile de sésame grillé, la sauce soja et le gingembre râpé. Éplucher et découper la mangue en lamelles.

Dans un bol, mélanger la salade et les germes de betterave. Poser le saumon par-dessus et placer la mangue, les graines de courge, le gomasio et le gingembre rose à votre convenance.

salade de quinoa

***préparation :** 40 minutes*
***cuisson :** 15 minutes*
***réfrigération :** 30 minutes*

pour 1 personne

150 g de trio de quinoa
10 g d'oignons rouges hachés
6 g de coriandre hachée
6 g de menthe hachée
15 g de raisins secs jaunes
100 g de yaourt frais
10 g de sauce tahini
½ avocat
1 filet de poulet cuit
10 g de miel
2 g de sésame noir
100 g de salade mélangée
10 g de pistaches hachées
2 g de gomasio

Dans une grande casserole, verser le quinoa dans de l'eau salée et faire cuire sur feu vif pendant 15 minutes jusqu'à ce qu'il s'ouvre. Égoutter et laisser reposer au réfrigérateur 30 minutes. Mélanger le quinoa avec les oignons, la coriandre, la menthe et les raisins secs.

Dans un bol, mélanger le yaourt avec la sauce tahini. Découper l'avocat en tranches. Découper un blanc de poulet en tranches et mélanger avec le miel et le sésame noir.

Déposer dans un bol la salade mélangée, puis le quinoa. Disposer à votre convenance le poulet, l'avocat, la crème de tahini, les pistaches et le gomasio.

thaï salad

***préparation :** 30 minutes*

pour 2 personnes

2 œufs
1 l de vinaigre de vin blanc
2 g de sel
Sauce au gingembre
(voir recette p. 116)
100 g de chou chinois haché
10 g de coriandre hachée
20 g d'oignons nouveaux hachés
100 g de julienne de carottes
100 g de julienne de concombre
100 g de chou rouge haché
100 g de pleurotes hachés
50 g de noix de cajou
60 g d'edamames
1 avocat
4 g de gomasio

Préparer les 2 œufs pochés : dans une grande casserole, verser 1 litre d'eau, puis 1 litre de vinaigre de vin blanc et le sel. Lorsque l'eau bout, casser les œufs un par un dans un bol et le plonger dans l'eau. Laisser cuire 3 minutes en tournant délicatement les œufs sur eux-mêmes.

Préparer la sauce au gingembre. (voir recette p. 116)

Mélanger le chou chinois, la coriandre, les oignons nouveaux, la julienne de carottes, la julienne de concombre, le chou rouge, les pleurotes avec la sauce au gingembre. Placer dans une assiette. Ajouter par-dessus les noix de cajou, les edamames, l'avocat épluché et coupé en tranches, les œufs pochés et saupoudrer de gomasio.

tacos verde

***préparation :** 1 heure*
***cuisson :** 50 minutes*

---

pour 2 personnes

houmous de betterave
200 g de betterave crue
50 g de vinaigre balsamique
200 g de ricotta

duxelles
200 g de pleurotes
1 gousse d'ail

dressage
6 feuilles de salade romaine
100 g de feta en cubes
20 g de noix de cajou hachées

Préparer le houmous de betterave : dans une grande quantité d'eau, faire cuire pendant 40 minutes la betterave en y ajoutant 50 g de vinaigre balsamique. Quand elle est cuite, l'éplucher puis, à l'aide d'un mixeur, la mélanger à la ricotta.

Préparer la duxelles de pleurotes : dans une poêle, sur feu doux, faire revenir les champignons avec l'ail épluché et haché et du sel. Hacher les champignons au couteau.

Sur les feuilles de salade, étaler le houmous de betterave ainsi que la duxelles de pleurotes. Répartir la feta et les noix de cajou.

chickpeas salad

***préparation :** 40 minutes*
***cuisson :** 20 minutes*

pour 4 personnes

80 g de sauce tahini
40 g de harissa
400 g de yaourt grec
2 bottes de mélange de mini-carottes (jaunes, violettes, orange…)
10 ml d'huile d'olive
20 g de cumin en poudre
800 g de pois chiches
20 g de menthe hachée
20 g de coriandre hachée
8 g de gomasio
1 préparation de sauce au gingembre
1 oignon rouge émincé
4 g de graines de cumin entières
80 g de raisins secs
1 pincée de sel
12 tranches d'halloumi

Mélanger la sauce tahini avec la harissa et le yaourt grec.

Préchauffer le four à 180 °C. Nettoyer bien les carottes. Les mélanger avec l'huile et 10 g de cumin. Les mettre au four pour 20 minutes.

Mélanger les pois chiches, la menthe, la coriandre, le gomasio, la sauce au gingembre, l'oignon et 10 g de cumin dans un saladier.

Faire cuire les tranches d'halloumi dans une poêle à sec pendant 5 minutes. Les déposer sur la salade. Ajouter les carottes. Déposer par-dessus la sauce tahini-harissa-yahourt.

sauce au gingembre
pour 2 personnes

25 g de vinaigre de riz
50 g d'huile de sésame grillé
25 g de piments doux
25 g de jus de citron vert
25 g de sauce soja
5 g d'ail
10 g de gingembre

Mixer tous les ingrédients.

taboulé de chou-fleur

***préparation :** 10 minutes*

---

pour 1 personne

100 g de chou-fleur blanc haché
100 g de chou-fleur jaune haché
100 g de chou-fleur violet haché
15 g de coriandre hachée
15 g de persil plat haché
15 g de menthe hachée
40 g d'oignons rouges coupés finement
30 g de raisins secs
10 g de gomasio

sauce
le jus de 1 citron
1 cuillerée à soupe d'huile d'olive
1 pincée de sel

Mélanger le jus de citron, l'huile d'olive et le sel.

Mettre tous les ingrédients du taboulé dans un bol, verser la sauce et mélanger le tout.

season family

Courtney vit à Los Angeles et vient à Paris pour les *fashion weeks*. La première fois que l'on s'est parlé, elle venait d'arriver, sortait à peine de l'avion, et était encore en pyjama, j'ai adoré. Et j'ai été extrêmement touchée quand elle m'a expliqué que la première chose qu'elle faisait en arrivant à Paris, c'était de venir chez Season.

Jean-Charles Je connais Jean-Charles depuis de nombreuses années, il vit dans le quartier, je crois qu'il m' a beaucoup observée avant de venir me dire ces quelques mots un jour : « Tu iras très loin. » C'est quelqu'un avec qui j'aime beaucoup échanger et qui me soutient beaucoup.

Kurt vit à Los Angeles. Il a été l'un de mes premiers clients à l'ouverture de Season. Il venait pour sa première *fashion week* à Paris, et depuis, il vient à chaque fois. Il aime les pancakes, même s'il est américain et il les trouve « gourmets », je suis très touchée.

Simona « Season a dès le début su me séduire parce qu'il combine subtilement tout ce que j'aime. Une cuisine gourmande mais très *healthy*, servie par une équipe décontractée mais professionnelle dans un joli cadre branché où l'on croise toujours des gens du quartier ». Simona est je crois l'une de mes clientes les plus fidèles. Elle a d'abord été une grande habituée du Café de la Poste, et elle me suit depuis !

Sandrine Je connais Sandrine depuis 18 ans (chut...). On s'était perdues de vue et on s'est retrouvées à l'ouverture de Season. Sandrine vient souvent faire ses petits déjeuners boulot au restau, et arrive toujours avec le sourire. C'est un véritable rayon de soleil !

sandwichs pastrami

***préparation** : 15 minutes*

---

pour 2 personnes

2 œufs
1 pincée de sel
50 g de moutarde de Dijon
50 g d'eau
50 cl d'huile de tournesol
6 tranches de pain de campagne
8 lamelles de comté
24 tranches de pastrami
1 cornichon pickle (coupé en tranches dans la longueur)
20 g de moutarde américaine
Quelques feuilles d'aneth haché

Réaliser la mayonnaise : mixer 2 jaunes d'œufs, du sel, la moutarde de Dijon et 50 g d'eau. Petit à petit, ajouter doucement l'huile de tournesol.

Toaster les tranches de pain. Les tartiner de mayonnaise, puis placer les lamelles de comté, les tranches de pastrami et de cornichon, et la moutarde, sur deux étages. Couper les sandwichs en deux. Déguster.

sandwichs veggie

***préparation :** 1 heure*
***cuisson :** 10 minutes*
***marinade :** 30 minutes*

pour 2 personnes

200 g de tofu fumé
20 g de sirop d'érable
10 g de sauce soja
20 g de sauce barbecue
5 g de paprika fumé
10 g d'huile de tournesol
1 préparation de crème d'avocat
(voir recette p. 70)
1 préparation de houmous de betterave
(voir recette p. 88)
6 tranches de pain de campagne
feuilles de salade romaine

Découper le tofu fumé en tranches fines, comme du bacon. Le faire mariner dans le sirop d'érable, la sauce soja, la sauce barbecue et le paprika fumé pendant 30 minutes.

Dans une poêle antiadhésive, verser l'huile de tournesol et faire frire les tranches de tofu sur feu vif environ 10 minutes, jusqu'à ce qu'elles soient caramélisées.

Tartiner les tranches de pain de campagne de crème d'avocat et de houmous de betterave. Déposer les feuilles de salade puis le tofu puis refaire l'opération sur un étage de pain supplémentaire. Déguster.

egg sandwichs

***préparation :** 15 minutes*
***cuisson :** 5 minutes*

pour 2 personnes

2 pains buns sans gluten
1 avocat
6 tranches de bacon
2 œufs
10 g d'épinards

ketchup maison
500 g de tomates fraîches
500 g de sweet chili sauce
1 piment rouge haché
50 g de sucre
500 ml d'eau

Préparer le ketchup maison : dans une poêle, faire cuire les tomates avec le sucre, le piment et l'eau pendant 10 à 15 minutes sur feu moyen, jusqu'à obtenir une purée. Ajouter la sweet chili sauce puis mixer au mixeur plongeant.

Couper les buns en deux dans l'épaisseur, les toaster. Éplucher et découper en fines lamelles l'avocat. Faire griller le bacon au four sur position gril.

Dans une poêle antiadhésive, faire des œufs au plat (compter 3 à 4 minutes de cuisson).

Tartiner les deux bases de pain de ketchup. Répartir les épinards, puis les lamelles d'avocat, poser l'œuf et les tranches de bacon. Fermer les buns.

veggie burgers

***préparation :** 1 heure*
***cuisson :** 30 minutes*

pour 4 personnes

500 g de haricots rouges (en conserve)
30 g de sauce barbecue
30 g de ketchup (voir recette p. 126)
10 g de sauce soja
200 g de betterave crue
(si possible râpée)
2 g de sel
5 g de paprika fumé
4 œufs
50 g de moutarde de Dijon
50 g d'eau
50 cl d'huile de tournesol
4 feuilles de salade romaine
4 buns sans gluten
30 g de moutarde américaine
2 grands cornichons (type pickles)
4 tranches de comté
5 g d'aneth haché
beurre pour graisser

matériel
4 emporte-pièces de 10 cm de diamètre

Mixer les haricots rouges, la sauce barbecue, le ketchup, la sauce soja, la betterave, le sel, le paprika fumé et 2 œufs. Préchauffer le four à 180 °C. Sur une plaque, disposer du papier cuisson. Placer les emporte-pièces, les graisser et y déposer le contenu mixé. Faire cuire au four pendant 30 minutes. Enlever les emporte-pièces afin d'obtenir des « steaks » végétariens.

Préparer la mayonnaise : mélanger avec un mixeur électrique 2 jaunes d'œuf, du sel, la moutarde de Dijon et 50 g d'eau. Petit à petit, ajouter doucement l'huile de tournesol.

Faire griller les buns. Tartiner de moutarde américaine. Disposer entre deux tranches de pain les « steaks », les cornichons, le comté, la salade, la mayonnaise et l'aneth à votre convenance.

banh mì

***préparation :** 1 h 10*
***cuisson :** 1 heure*

pour 6 personnes

6 cuisses de poulet
400 g de sauce hoisin
10 g de sauce soja
20 g de sauce piment doux
20 g de chou rouge finement coupé
20 g de julienne de carottes
20 g de julienne de concombre
20 g de julienne de chou chinois
5 g de coriandre hachée
5 g d'oignon nouveau émincé
50 ml de sauce nuoc-mâm
3 baguettes

Préchauffer le four à 160 °C. Enlever la peau du poulet. Mélanger les cuisses de poulet avec la sauce hoisin, la sauce soja et la sauce piment doux. Déposer sur une plaque de cuisson et enfourner pour 1 heure. Dépiauter la chair du poulet.

Mixer les légumes avec la sauce nuoc-mâm, l'oignon et la coriandre.

Couper les baguettes en deux et les ouvrir. Répartir les morceaux de poulet puis les légumes. Déguster.

naan au poulet

***préparation :** 1 heure*
***cuisson :** 50 minutes*
***repos :** 25 heures*

pour 5 personnes

galettes naans
500 g de farine
2 œufs
250 ml d'eau tiède
5 g de levure chimique
2,5 g de sucre
2 g de sel

poulet
5 filets de poulet coupés en lamelles
50 g de poudre de satay
50 ml d'huile de tournesol

sauce
200 ml de crème liquide
50 ml de lait de coco
70 g de poudre de satay
5 g de sucre

chips
1 patate douce
1 l d'huile de tournesol

garniture
5 cuillerées à soupe de Philadelphia®
50 g de pousses d'épinard

Préparer les galettes naans : mixer tous les ingrédients. Ajouter 1 à 2 cuillerées à café d'huile de tournesol et laisser reposer 24 heures à température ambiante sous un torchon. Façonner 5 boules de pâte et laisser reposer 1 heure. Sur une feuille de papier cuisson, aplatir la pâte à la main avec un peu d'huile de tournesol. Dans une poêle très chaude, faire cuire les galettes 1 minute de chaque côté.

Faire mariner les lamelles de poulet avec la poudre de satay et l'huile de tournesol pendant 1 heure. Les faire cuire dans une poêle à feu doux pendant 30 minutes.

Préparer la sauce : faire bouillir tous les ingrédients en fouettant.

Préparer les chips : découper la patate douce avec une mandoline, le plus finement possible. Faire chauffer 1 l d'huile de tournesol à 140 °C ou dans une friteuse. Plonger des petites portions de patate douce et laisser cuire 8 à 10 minutes. Égoutter sur du papier absorbant.

Sur chaque galette naan, étaler du Philadelphia, répartir les pousses d'épinard et les lamelles de poulet. Rouler les naans et les déguster avec la sauce satay et les chips.

falafels

***préparation :** 1 heure*
***cuisson :** 1 h 10*
***repos :** 25 heures*

pour 5 personnes

galettes naans
500 g de farine
2 œufs
250 ml d'eau tiède
5 g de levure chimique
2,5 g de sucre
2 g de sel

boulettes de falafel
500 g de pois chiches secs
1 botte de coriandre hachée
100 g d'oignons rouges
50 g d'ail
20 g de cumin en poudre
20 g de coriandre en poudre
100 g de farine
10 g de sel
12 g de levure
1 l d'huile de tournesol (pour la friteuse)

garniture
2 aubergines
250 g de yaourt grec
50 g de sauce tahini
½ chou rouge râpé
1 pincée de gomasio
10 g de coriandre

Préparer les galettes naans : mixer tous les ingrédients. Ajouter 1 à 2 cuillerées à café d'huile de tournesol et laisser reposer 24 heures à température ambiante sous un torchon. Façonner 5 boules de pâte et laisser reposer 1 heure. Sur une feuille de papier cuisson, aplatir la pâte à la main avec un peu d'huile de tournesol. Dans une poêle très chaude, faire cuire les galettes 1 minute de chaque côté.

Préparer les boulettes : faire tremper les pois chiches toute la nuit. Enlever l'eau et les faire sécher sur un torchon. Mixer tous les ingrédients. Façonner des boulettes. Les faire frire 10 minutes dans un bain d'huile chaud (140 °C).

Faire cuire les aubergines entières au four à 180 °C pendant 50 minutes, jusqu'à obtention d'une sorte de purée. Retirer la peau et mixer la chair avec le yaourt et la sauce tahini.

Tartiner le pain naan de caviar d'aubergine, répartir les boulettes, le chou rouge râpé, le gomasio et les feuilles de coriandre. Rouler les naans et les couper en trois.

veggie hot dogs

***préparation :** 30 minutes*
***cuisson :** 15 minutes*

---

pour 4 personnes

30 g de ketchup maison
1 l d'eau
4 carottes
7 g de saveur de fumée en poudre
140 g de sauce barbecue
30 g de sauce soja
10 g de paprika fumé
4 pains briochés
20 g de moutarde américaine
10 g d'oignons grillés (crispy)
4 feuilles de salade romaine

ketchup maison
500 g de tomates fraîches
500 g de sweet chili sauce
1 piment rouge haché
50 g de sucre
500 ml d'eau

Préparer le ketchup maison : dans une poêle, faire cuire les tomates avec le sucre, le piment et l'eau pendant 10 à 15 minutes sur feu moyen, jusqu'à obtenir une purée. Ajouter la sweet chili sauce puis mixer au mixeur plongeant.

Dans une casserole, verser 1 litre d'eau. Plonger les carottes et ajouter la saveur de fumée en poudre, 40 g de sauce barbecue, la sauce soja et le paprika fumé. Faire cuire 15 minutes sur feu vif jusqu'à ce que les carottes soient tendres.

Sortir les carottes de l'eau et les mélanger aux 100 g de sauce barbecue restants. Les placer dans les pains briochés puis déposer dessus la moutarde, les oignons frits, le ketchup et les feuilles de salade découpées.

burritos

***préparation :** 1 heure*
***cuisson :** 50 minutes*
***repos :** 1 nuit*

pour 2 personnes

200 g de haricots noirs
50 ml d'huile d'olive
1 poivron vert coupé en lamelles
1 piment vert coupé en lamelles
1 oignon rouge épluché et émincé
2 gousses d'ail épluchées et écrasées
1 pincée de sel
1 cuillerée à café de paprika fumé
1 cuillerée à café de coriandre en poudre
1 cuillerée à café de cumin en poudre
1 cuillerée à soupe de concentré de tomate
400 g de tomates concassées
100 g de yaourt grec
5 g de ciboulette hachée
3 œufs
2 pains tortillas multigrains
100 g de cheddar râpé
1 avocat

Faire tremper les haricots noirs pendant 1 nuit dans une casserole remplie d'eau. Le lendemain, les faire cuire dans une eau salée pendant 50 minutes. Égoutter et rincer.

Dans une casserole, verser l'huile d'olive et faire cuire le poivron, le piment, l'oignon, l'ail et le sel, à feu doux pendant 10 minutes. Ajouter les épices et laisser cuire 2 minutes. Ajouter le concentré de tomate et les tomates concassées et faire cuire 10 minutes. Ajouter les haricots noirs.

Mélanger le yaourt grec et la ciboulette.

Casser les œufs dans un bol et les verser dans une poêle à crêpes chaude afin de réaliser une fine omelette. Laisser cuire 3 minutes.

Étaler le yaourt à la ciboulette sur les tortillas. Déposer ensuite l'omelette, le cheddar et l'avocat épluché et coupé en tranches. Ajouter la sauce aux haricots noirs. Enrouler les tortillas.

pizzette

préparation : 1 h 30
cuisson : 10 à 12 minutes
repos : 30 minutes

pour 3 personnes

pâte
5 g de levure fraîche
1 g + 3 g de sucre
100 g + 150 g de farine d'épeautre
100 ml d'eau tiède
3 g de sel
28 ml d'huile d'olive
50 ml d'eau

pesto
20 g de pistaches
100 g de roquette
1 gousse d'ail
50 g d'huile d'olive
150 g de ricotta
40 g de parmesan

garniture
2 boules de mozzarella coupées en cubes
5 g de roquette
5 g de pistaches

Préparer la pâte : mélanger 5 g de levure, 1 g de sucre, 100 g de farine d'épeautre et 100 ml d'eau tiède dans un robot mixeur. Laisser reposer 30 minutes dans un endroit chaud. Ajouter 3 g de sucre, 150 g de farine d'épeautre, 3 g de sel, 28 ml d'huile d'olive et 50 ml d'eau. Mélanger.

Préchauffer le four à 180 °C. Séparer la pâte en trois boules. Verser de la farine sur un plan de travail et travailler la pâte avec un rouleau à pâtisserie jusqu'à obtenir la forme souhaitée. Placer la pâte sur une plaque allant au four recouverte de papier cuisson.

Mixer tous les ingrédients du pesto et étaler sur la pâte. Répartir la mozzarella. Enfourner pour 10 à 12 minutes. Parsemer de roquette et de pistaches.

season

ramen
by Margot

préparation : 40 minutes
cuisson : 20-25 minutes

pour 1 personne

500 ml de soupe miso
100 g de nouilles udon
⅓ de brocoli
1 carotte
½ navet
Des champignons de Paris frais
1 œuf
sauce tamarin
sésame grillé
algues japonaises

matériel
1 grand bol

Remplir le grand bol d'eau et verser le liquide dans une casserole. Ajouter la préparation pour soupe miso et faire chauffer à feu doux. Dans une seconde casserole, faire bouillir de l'eau. Plonger délicatement l'œuf et compter 10 minutes de cuisson. Le plonger ensuite dans de l'eau froide.

Couper la carotte en bâtonnets, le demi-navet en fines rondelles et le morceau de brocoli en petites fleurettes. Faire cuire les légumes à la vapeur (ou dans de l'eau bouillante). Couper quelques champignons en lamelles et les réserver. Écaler l'œuf et le couper en deux. Le déposer dans une soucoupe, verser un peu de sauce tamarin dans le jaune et laisser mariner.

Plonger les légumes cuits dans la soupe miso, les lamelles de champignons et les nouilles. La cuisson des nouilles est rapide (le temps est indiqué sur le paquet). Quand les nouilles sont prêtes, ajouter l'œuf mariné et saupoudrer le tout de sésame grillé. Vous pouvez ajouter un peu de sauce tamarin dans le bouillon. Deux baguettes pour déguster et c'est prêt !

J'ai rencontré Margot (@youmakefashion) parce qu'elle était cliente chez Season. Elle a écrit un livre de recettes healthy qui me parle beaucoup, et nous avons fait quelques partenariats sur le sujet. Il me paraissait donc tout naturel de lui proposer de créer une recette healthy pour Season.

t-bone
de chou-fleur

***préparation :** 1 heure*
***cuisson :** 37 minutes*
***réfrigération :** 30 minutes*

pour 2 personnes

400 g de chair de citrouille
8 g d'ail
1 grand chou-fleur
100 g de shiitakés
125 g de beurre
6 g de ciboulette hachée
6 g d'ail fumé
2 g de sauce Worcestershire
2 g de Tabasco
1 g de sel de mer
1 g de poivre rose
1 g de poivre vert
10 g de gros sel

Faire cuire environ 20 minutes, dans une grande quantité d'eau, à feu doux, la citrouille coupée en morceaux et l'ail jusqu'à ce que la chair soit tendre. Égoutter. Mixer le tout.

Couper le chou-fleur au milieu ainsi que les extrémités. Le faire cuire dans de l'eau salée pendant 14 minutes. Le laisser sécher puis le faire frire dans une poêle avec les shiitakés jusqu'à ce qu'ils soient dorés.

Mélanger le beurre avec la ciboulette, l'ail fumé, la sauce Worcestershire, le Tabasco, le sel de mer, le poivre rose et vert. Rouler le tout dans du papier alimentaire. Réserver au réfrigérateur pendant 30 minutes.

Mettre le chou-fleur et les shiitakés dans les assiettes et parsemer de gros sel. Placer à côté la purée de citrouille. Avant de servir, découper le beurre en rondelles et poser 2 tranches sur chaque assiette.

cauliflower bowl

***préparation :** 40 minutes*
***cuisson :** 50 minutes*

pour 4 personnes

200 g de chou-fleur jaune
200 g de chou-fleur violet
200 g de chou romanesco
800 g de chou-fleur blanc
20 ml d'huile d'olive
1 pincée de sel
600 g de potiron
200 g de chou rouge
300 g de pleurotes
2 gousses d'ail
200 g de marrons
1 botte de sauge
30 g de pistaches
20 cl d'huile de pistache

Préchauffer le four à 210 °C. Découper les choux-fleurs jaune et violet et le chou romanesco en bouquets. Sur les 800 g de chou-fleur blanc, en prendre 200 g et les ajouter aux autres choux-fleurs. Les mélanger avec l'huile d'olive et le sel et enfourner pour 17 minutes.

Couper le potiron en tranches. Faire cuire au four pendant 25 minutes à 210 °C.

Couper finement le chou rouge. Couper les pleurotes en lamelles et les faire poêler avec 1 gousse d'ail épluchée et hachée à feu doux pendant 5 minutes.

Râper 600 g de chou-fleur puis le faire revenir à la poêle à feu doux pendant 25 minutes avec les marrons.

Mixer la sauge, 1 gousse d'ail épluchée, les pistaches et l'huile de pistache. Composer votre assiette à votre convenance.

baby cauliflower rôti

***préparation :** 20 minutes*
***cuisson :** 17 minutes*

pour 2 personnes

1 chou-fleur entier
10 cl d'huile d'olive
1 pincée de sel
1 pincée de poivre

Préchauffer le four à 210 °C. Nettoyer le chou-fleur puis le badigeonner d'huile d'olive, de sel et de poivre.

Le mettre au four pour 17 minutes. Déguster chaud.

green bowl

***préparation :** 40 minutes*
***cuisson :** 52 minutes*

pour 4 personnes

risotto
300 g d'épeautre
1 oignon rouge
2 gousses d'ail
50 ml d'huile d'olive
60 g de parmesan en poudre
200 g de ricotta
100 g de copeaux de parmesan
1 pincée de sel

légumes
200 g de chou romanesco
200 g de brocolis
12 asperges vertes (3 par personne)
100 g de petits pois
8 mini-courgettes (2 par personne)
100 g de chou kale

garniture
40 g de copeaux de parmesan
huile de sésame

Rincer l'épeautre à l'eau froide. Faire revenir l'oignon épluché et émincé et l'ail, épluché et haché, dans une marmite, avec l'huile d'olive, pendant 2 minutes. Ajouter 1 l d'eau et l'épeautre. Faire cuire à feu doux pendant 40 minutes jusqu'à ce que l'eau soit absorbée. Ajouter le parmesan en poudre, la ricotta, 100 g de copeaux de parmesan et le sel. Mélanger. Faire cuire 2 minutes.

Laver les légumes. Détacher les fleurettes du chou romanesco et des brocolis. Faire bouillir une grande quantité d'eau salée et faire cuire les asperges, les petits pois et les mini-courgettes non épluchées pendant 5 minutes. Égoutter avec une écumoire. Dans la même eau (à ébullition), faire cuire les brocolis et le chou romanesco pendant 5 minutes. Masser le chou kale avec les mains pendant 2 minutes puis émincer les feuilles.

Placer les légumes et le risotto dans un bol. Arroser les légumes d'un filet d'huile de sésame. Parsemer de copeaux de parmesan.

bobun

***préparation :** 40 minutes*
***cuisson :** 36 minutes*

pour 2 personnes

200 g de vermicelles de riz
4 grandes feuilles de riz
10 g de carottes râpées
10 g de chou rouge finement râpé
4 g de coriandre hachée
1 l d'huile de tournesol (pour la friteuse)

salade
200 g de vermicelles de riz
200 g de salade romaine
50 g de carottes râpées
50 g de julienne de concombre
5 g de coriandre hachée
5 g de menthe hachée

topping
12 champignons shiitakés
20 ml de sauce soja
100 ml de sauce nuoc-mâm
20 g de cacahuètes hachées

Préparer les nems : dans de l'eau chaude salée, faire cuire les vermicelles de riz 7 à 10 minutes, en les remuant délicatement toutes les 1 à 2 minutes. Tremper 2 feuilles de riz (l'une sur l'autre afin qu'elles se collent bien) dans l'eau chaude puis les placer sur un torchon (toujours collées l'une à l'autre). Mettre la moitié des vermicelles, des carottes râpées, du chou rouge et de la coriandre dans les 2 feuilles de riz, et enrouler de façon très serrée. Répéter l'opération pour le deuxième nem. Faire chauffer l'huile dans une friteuse à 200 °C et faire frire les nems pendant 4 minutes.

Préparer la salade : dans de l'eau chaude salée, faire cuire les vermicelles de riz 7 à 10 minutes, en les remuant délicatement toutes les 1 à 2 minutes. Mélanger tous les ingrédients dans un saladier.

Préchauffer le four à 180 °C puis faire cuire les champignons 12 minutes. Les disposer avec la salade et les nems coupés en deux dans un bol et ajouter les sauces soja et nuoc-mâm ainsi que les cacahuètes.

noodles

peanut butter

***Préparation :** 1 h 15*
***Cuisson :** 1 h 17*

Pour 2 personnes

sauce au beurre de cacahuètes
½ oignon blanc
2 gousses d'ail
½ cuillerée à café d'huile d'olive ou de sésame
3 cuillerées à soupe de beurre de cacahuètes
180 ml d'eau
40 ml de sauce soja
1 cuillerée à soupe de vinaigre de riz
le jus de ½ citron vert
feuilles de coriandre fraîche (pour la déco)

nouilles
180 g de nouilles soba ou nouilles de riz (option sans gluten)
1 pincée de sel

légumes
½ potiron
1 cuillerée à soupe de sirop d'érable
1 cuillerée à soupe d'huile d'olive
1 pincée de gros sel
200 g de chou-fleur jaune
200 g de chou-fleur violet
200 g de chou romanesco

Préparer la sauce : éplucher et couper l'oignon et l'ail en fines tranches. Faire chauffer l'huile d'olive dans une casserole sur feu moyen. Ajouter les oignons et l'ail et laisser suer 3 minutes. Ajouter le reste des ingrédients (sauf la coriandre) et mélanger avec un fouet. Porter à ébullition puis baisser sur feu doux. Mélanger souvent et ajouter un peu d'eau si la sauce est trop épaisse. Faire revenir pendant 8 à 10 minutes. Hors du feu, ajouter la coriandre sans mélanger.

Préparer les nouilles : porter une casserole d'eau salée à ébullition. Ajouter les nouilles et laisser cuire 7 minutes en mélangeant. Les égoutter et les passer sous l'eau froide.

Préparer le potiron : préchauffer le four à 190 °C. Ne pas éplucher le potiron mais bien le rincer et retirer les graines. Mélanger le sirop d'érable et l'huile d'olive avec le gros sel et badigeonner le potiron. Le poser sur une plaque recouverte de papier cuisson, enfourner 45 à 55 minutes (jusqu'à ce que la peau soit tendre).

Découper les choux en fleurettes, les placer sur une plaque et enfourner 17 minutes à 210 °C.

Placer les nouilles, les choux etlepotiron coupé en tranches dans un bol et verser la sauce dessus.

risotto d'épeautre

***préparation :** 40 minutes*
***cuisson :** 43 minutes*

---

pour 2 personnes

300 g d'épeautre
1 oignon rouge
2 gousses d'ail
60 g de parmesan en poudre
200 g de ricotta
140 g de copeaux de parmesan
200 g de champignons sauvages mélangés
50 ml d'huile d'olive
20 ml d'huile de truffe
1 pincée de sel
4 g de ciboulette hachée

Rincer l'épeautre à l'eau froide. Faire revenir l'oignon, épluché et émincé, et l'ail, épluché et haché, dans une marmite. Ajouter 1 l d'eau et l'épeautre. Faire cuire à feu doux pendant 40 minutes. L'eau doit être absorbée par l'épeautre. Ajouter le parmesan en poudre, la ricotta et 100 g de copeaux de parmesan. Mélanger. Faire cuire pendant 2 minutes.

Dans une poêle très chaude, faire revenir les champignons avec de l'huile d'olive pendant 1 minute.

Dresser le risotto dans un bol, répartir les champignons, ajouter du parmesan en copeaux et verser de l'huile de truffe. Parsemer de ciboulette et saler.

tagliatelles de courgette

***préparation :** 30 minutes*
***cuisson :** 10 minutes*

pour 2 personnes

30 cl de crème liquide
60 g de parmesan en poudre
6 mini-courgettes
1 grosse courgette verte
1 grosse courgette jaune
1 grosse courgette blanche
10 ml d'huile d'olive
1 pincée de sel
1 pincée de piment d'Espelette
60 g de copeaux de parmesan

œufs pochés
2 œufs
1 l de vinaigre de vin blanc
2 g de sel

Dans une casserole, sur feu doux, verser la crème liquide et le parmesan en poudre. Faire réduire jusqu'à l'obtention d'une sauce épaisse. Couper les mini-courgettes en deux dans le sens de la longueur et les faire revenir à la poêle pendant 2 minutes. Peler les légumes. Avec un économe, tailler des tagliatelles dans la chair des courgettes, dans le sens de la longueur. Faire chauffer l'huile d'olive dans une poêle. Faire cuire les courgettes pendant 2 minutes tout en incorporant la sauce.

Réaliser les œufs pochés (voir page 80) : dans une grande casserole, verser 1 litre d'eau, puis 1 litre de vinaigre de vin blanc et le sel. Lorsque l'eau bout, casser les œufs un par un et les laisser cuire 3 minutes en tournant délicatement les œufs sur lui-même.

Dresser sur une assiette puis déposer les tagliatelles et les œufs pochés, ajouter le sel, le piment d'Espelette et les copeaux de parmesan.

mac & cheese

vegan

***préparation** : 20 minutes*
***cuisson** : 20 minutes*

pour 2 personnes

50 g de margarine vegan
50 g de farine
350 g de boisson végétale de soja
100 g de cheddar vegan
80 g de tofu fumé découpé en allumettes
350 g de macaronis
1 pincée de sel

Faire fondre la margarine vegan dans une casserole à feu doux. Incorporer la farine. Faire cuire le roux pendant 2 minutes. Verser la boisson de soja et faire cuire pendant 5 minutes jusqu'à l'obtention d'une sauce épaisse. Ajouter 60 g de cheddar et le faire fondre. Incorporer le tofu fumé.

Faire cuire les pâtes dans une casserole d'eau bouillante. Les mélanger à la sauce.

Préchauffer le four à 180 °C. Placer les pâtes dans un plat à gratin et parsemer du reste de cheddar. Faire gratiner pendant 10 minutes.

gnocchi rose

***préparation :** 40 minutes*
***cuisson :** 30 minutes*

---

pour 2 personnes

300 g de pommes de terre lily rose
20 g de parmesan en poudre
100 g de farine
1 œuf
30 cl de crème liquide
100 g de comté râpé
60 g de betterave crue coupée
en cubes
2 g de poudre de betterave

Éplucher les pommes de terre et les couper en cubes. Les faire cuire dans l'eau sur feu vif. Quand elles sont cuites, les écraser en purée.

Mélanger la purée de pommes de terre avec le parmesan, la farine et l'œuf jusqu'à obtenir une pâte. La couper en quatre et la rouler en forme de saucisse. Découper chaque « saucisse » en pavés (en forme de gnocchi).

Les faire cuire pendant 2 minutes dans de l'eau salée portée à ébullition. Laisser refroidir dans un bol avec des glaçons ou de l'eau froide.

Dans une casserole, mettre la crème, le comté, les cubes de betterave et la poudre de betterave. Faire cuire sur feu doux jusqu'à l'obtention d'une sauce épaisse. Retirer les cubes de betterave de la sauce. Plonger les gnocchis dans la sauce et laisser réchauffer le tout quelques instants. Servir.

COUSCOUS cauliflower

***préparation :** 40 minutes*
***cuisson :** 36 minutes*

pour 2 personnes

500 g de chou-fleur
2 cuillerées à soupe d'huile d'olive
1 botte de mini-carottes mélangées
1 courgette jaune épluchée et coupée en bâtonnets
1 courgette verte épluchée et coupée en bâtonnets
200 g de potiron épluché et coupé en bâtonnets
1 navet épluché et coupé en bâtonnets
1 pincée de sel
1 cuillerée à café de graines de cumin

sauce
1 oignon rouge épluché et haché
1 gousse d'ail épluchée et écrasée
2 cuillerées à soupe d'huile d'olive
1 cuillerée à café de ras el-hanout
1 cuillerée à café de coriandre en poudre
1 cuillerée à café de harissa
1 cuillerée à soupe de concentré de tomate
500 g de tomates concassées
20 g de raisins secs
100 g de pois chiches en boîte

Passer le chou-fleur au mixeur électrique afin d'obtenir une « semoule ». Le faire revenir à la poêle avec 1 cuillerée à café d'huile d'olive sur feu doux pendant 3 à 4 minutes. Réserver. Préchauffer le four à 180 °C. Mélanger les mini-carottes les bâtonnets de légumes avec le reste d'huile d'olive, le sel et les graines du cumin. Les faire cuire au four pendant 20 minutes.

Préparer la sauce : dans une poêle, faire revenir sur feu moyen l'oignon et l'ail dans l'huile d'olive. Ajouter le ras el-hanout, la coriandre en poudre, la harissa et le concentré de tomate. Mélanger. Faire revenir pendant 2 minutes. Ajouter les tomates concassées, les raisins secs et les pois chiches, et laisser mijoter pendant 10 minutes.

Assembler la semoule de chou-fleur, les légumes et la sauce dans une assiette.

cheesecake fruits rouges

***préparation :** 30 minutes*
***réfrigération :** 3 heures*

pour 4 personnes

50 g de beurre fondu
+ un peu pour les moules
100 g de spéculoos écrasés
400 g de fromage Philadelphia®
Le jus de 1 citron vert
40 g de sucre
200 g de crème liquide
coulis de fruits rouges

matériel
4 moules circulaires de 8 cm de diamètre

Faire fondre le beurre dans une casserole à feu doux. Beurrer quatre moules. Mélanger le beurre avec les spéculoos et les placer au fond des moules tapissés de papier sulfurisé. Bien tasser.

Dans un bol, fouetter le fromage avec le jus de citron et le sucre. Dans un second bol, fouetter la crème liquide jusqu'à ce que celle-ci soit bien montée. Doucement, mélanger les deux crèmes.

Verser la crème dans les quatre moules. Placer au réfrigérateur pendant 3 heures. Servir avec un coulis de fruits rouges.

gâteau chocolat

sans gluten

préparation : 25 minutes
cuisson : 45 minutes

pour 6 à 8 personnes

150 g de carrés de chocolat noir
4 œufs
100 g de sucre en poudre
100 g de purée de noisettes
150 g de purée de marrons
10 g d'amandes hachées
beurre pour les moules

matériel
4 moules circulaires de 8 cm de diamètre

Faire fondre le chocolat au bain-marie à feu doux. Préchauffer le four à 160 °C. Mettre tous les ingrédients (sauf le chocolat et les amandes hachées) dans un bol et mélanger jusqu'à l'obtention d'une pâte. Ajouter le chocolat fondu. Mélanger. Verser dans 4 moules graisser et saupoudrer d'amandes hachées. Faire cuire au four 40 minutes. Déguster.

cake pistache

***préparation :** 20 minutes*
***cuisson :** 50 minutes*

---

pour 8 personnes

400 g + 40 g de sucre
400 g de beurre
8 œufs
300 g de farine
200 g de pistaches hachées
2 cuillerées à soupe de levure
90 g de pistaches décortiquées non salées
220 g de mascarpone

Mélanger 400 g de sucre et le beurre jusqu'à l'obtention d'une crème. Ajouter les œufs, la farine, les pistaches hachées et la levure. Mélanger et verser la préparation dans un moule à cake. Préchauffer le four à 160 °C et faire cuire 45 minutes. Dans une casserole, verser 40 g de sucre et le faire caraméliser. Ajouter les pistaches. Laisser refroidir. Hacher le tout avec un couteau. Garder une partie pour la décoration et mélanger le reste au mascarpone.

Démouler le cake quand il est cuit. Étaler dessus le mascarpone aux pistaches. Répartir les pistaches caramélisées restantes sur le cake.

crème chocolat avocat

***préparation :** 15 minutes*
***cuisson :** 5 minutes*
***réfrigération :** 1 heure*

pour 2 personnes

100 g de chocolat noir
300 ml de lait d'amande
7 dattes décortiquées
1 cuillerée à café de chocolat en poudre
2 avocats

Casser le chocolat noir dans un récipient. Dans une casserole, verser le lait d'amande, ajouter les dattes et le chocolat en poudre, et faire chauffer à feu doux. Verser sur le chocolat noir et remuer jusqu'à ce qu'il soit fondu. Ajouter les avocats épluchés et coupés en morceaux. Mixer puis placer au réfrigérateur 1 heure avant de déguster.

cake avocat

***préparation :** 20 minutes*
***cuisson :** 55 minutes*

pour 8 personnes

400 g de sucre
170 g de beurre tendre
2 avocats mûrs
Le zeste de 2 citrons verts
4 œufs
400 g de farine
2 cuillerées à café de levure

nappage chocolat
20 ml crème fraîche liquide
40 g de chocolat noir
200 g de mascarpone

Battre le sucre et le beurre jusqu'à l'obtention d'une crème onctueuse. Ajouter les avocats épluchés et coupés en morceaux et le zeste de citron vert. Continuer à battre. Ajouter les œufs un à un. Verser la farine et la levure. Mélanger.

Préchauffer le four à 160 °C. Beurrer un moule à cake et verser la préparation dedans. Enfourner pour 55 minutes. Surveiller la cuisson : enfoncer la pointe d'un couteau dans le cake, elle doit en ressortir sèche.

Préparer le nappage. Dans une casserole faire fondre le chocolat avec la crème à feu doux. Verser sur le mascarpone et mélanger. Laisser refroidir.

Verser le nappage sur le gâteau et servir.

banana bread

***préparation :** 20 minutes*
***cuisson :** 45 minutes*

---

pour 8 personnes

250 g de sucre
250 g de beurre
5 œufs
250 g de farine
3 bananes mûres
1 cuillerée à café de levure

Préchauffer le four à 160 °C.
Fouetter le sucre et le beurre jusqu'à l'obtention d'une pâte crémeuse. Ajouter les œufs et la farine et fouetter de nouveau. Incorporer les bananes entières épluchées et la levure et mélanger jusqu'à l'obtention d'une pâte avec des morceaux de banane.

Verser la préparation dans un moule à cake beurré et enfourner pour 45 minutes.

cheesecake chocolat

***préparation :** 30 minutes*
***réfrigération :** 3 heures*

pour 4 personnes

50 g de carrés de chocolat noir
166 g de spéculoos brisés
400 g de fromage Philadelphia®
200 g de pâte à tartiner Nocciolata®
30 g de carrés de chocolat au lait hachés
200 g de crème liquide
huile neutre

matériel
4 moules circulaires de 8 cm de diamètre
1 pinceau

Faire fondre les carrés de chocolat noir dans une casserole à feu doux. Graisser d'huile les 4 moules avec un pinceau. Mélanger le chocolat fondu avec les spéculoos écrasés et les placer au fond de quatre moules tapissés de papier sulfurisé. Bien tasser.

Dans un bol, fouetter le fromage avec la pâte à tartiner et incorporer le chocolat haché. Dans un second bol, fouetter la crème liquide jusqu'à ce que celle-ci soit bien montée. Doucement, mélanger les deux crèmes et répartir cette préparation dans les quatre moules. Placer au réfrigérateur pendant 3 heures.

OSHEY.

oshey moringa

Lorsque j'ai rencontré Pierre Carol, il était en train de fonder « Les Petits Donuts », au début de Season. Nous avons commencé à travailler ensemble pour le Season take Away. Le génie de Pierre Carol, c'est de savoir puiser son inspiration à la fois dans l'élégance et le savoir-faire de la pâtisserie française, tout en apportant une touche exotique et healthy à ses desserts.

Pierre Carol est un entrepreneur dans l'âme, mais il prône avant tout un **lifestyle**, et c'est ce qu'il me plaît chez lui. L'année dernière, il est venu me voir afin de me demander mon avis sur un nouveau produit, « **LE MORINGA** ».
Il rentrait d'un voyage au Cameroun, et il avait découvert le moringa grâce à sa mère, qui l'associait à des boissons détox pour faire baisser le taux de sucre de son frère diabétique. Conquis par ce super-aliment, il avait décidé de créer une nouvelle marque, Oshey, qui est tout à fait à l'image de son fondateur : éco-responsable, respectueux des fermiers africains.

Lorsque Pierre m'a fait goûter le moringa, j'ai tout de suite été séduite par son goût végétal assez doux, ses bienfaits, et j'ai immédiatement décidé de le mettre à la carte, sous la forme d'un latte et d'un pancake au moringa.

smoothies

season

***préparation :** 5 minutes*

---

pour 1 personne

1 banane
200 ml de lait d'amande
1 datte
½ cuillerée à café de cannelle
en poudre

Dans un mixeur, placer la banane coupée en rondelles, le lait d'amande, la datte et la cannelle. Mixer pendant 1 minute. Déguster.

green

***préparation :** 5 minutes*

---

pour 1 personne

1 banane
4 feuilles d'épinard
200 ml de lait d'amande
½ cuillerée à café de moringa
en poudre
1 cuillerée à soupe
de purée d'amandes

Dans un mixeur, placer la banane coupée en rondelles, les feuilles d'épinard, le lait d'amande, le moringa et la purée d'amandes. Mixer pendant 1 minute. Déguster.

pink

***préparation :** 5 minutes*

---

pour 1 personne

1 banane
200 ml de lait d'amande
3 cuillerées à soupe de coulis
de fruits rouges

Dans un mixeur, placer la banane coupée en rondelles, le lait d'amande et le coulis de fruits rouges. Mixer pendant 1 minute. Déguster.

juices

red

***préparation :** 5 minutes*

---

pour 33 cl

1 poire
1 grosse grappe de raisin

matériel
extracteur de jus

Bien laver les fruits. Peler la poire et retirer les pépins et la queue. Tout placer dans l'extracteur de jus. Mettre l'extracteur en route.

green

***préparation :** 10 minutes*

---

pour 33 cl

1 pomme
1 poivron vert
10 feuilles d'épinard
1 branche de céleri
1 citron jaune

matériel
extracteur de jus

Bien laver les fruits. Peler la pomme et retirer les pépins. La couper en quatre. Retirer la queue et les pépins du poivron et le couper en petits morceaux. Couper en morceaux la branche de céleri. Retirer la peau du citron et le couper en quatre. Tout placer dans l'extracteur de jus.

orange

***préparation :** 5 minutes*

---

pour 33 cl

1 pomme
2 carottes
10 g de gingembre cru (épluché)

matériel
extracteur de jus

Laver les pommes et les carottes. Peler le gingembre.

Éplucher les carottes, couper les extrémités puis couper en morceaux convenant à l'extracteur de jus. Couper les pommes en quartiers puis enlever le cœur et les pépins.

Mettre la pomme, les carottes et le gingembre dans l'extracteur de jus et le mettre en route. Servir.

season
season
season
season
season
season
season
season
season
season
season
season

latte

beetroot

***préparation :** 5 minutes*
***cuisson :** 5 minutes*

pour 1 personne

33 cl de lait
1 cuillerée à café de poudre de betterave

Faire chauffer le lait dans une casserole sur feu moyen pendant 3 minutes. Dans une tasse ou un verre, verser la poudre de betterave puis le lait chaud. Remuer avec une petite cuillère.

curcuma

***préparation :** 5 minutes*
***cuisson :** 3 minutes*

pour 1 personne

33 cl de lait d'amande
1 cuillerée à café de curcuma en poudre
1 cuillerée à café d'huile de coco

Faire chauffer le lait dans une casserole sur feu moyen pendant 3 minutes. Pendant la cuisson, ajouter le curcuma et l'huile de coco. Servir chaud dans une tasse ou un verre.

moringa

***préparation :** 5 minutes*
***cuisson :** 3 minutes*

pour 1 personne

33 cl de lait
1 cuillerée à café de poudre de moringa

Faire chauffer le lait dans une casserole sur feu moyen pendant 3 minutes. Dans une tasse ou un verre, verser la poudre de moringa, puis le lait chaud. Remuer avec une petite cuillère.

chaï latte

***préparation :** 5 minutes*
***cuisson :** 3 minutes*

pour 1 personne

33 cl de lait
1 sachet de thé masala chaï
½ cuillerée à café de cannelle en poudre

Faire chauffer le lait dans une casserole sur feu moyen pendant 3 minutes. Hors du feu, laisser infuser le sachet de thé le temps indiqué. Saupoudrer de cannelle avant de déguster.

FORLIFE

hot détox

***préparation :** 5 minutes*
***cuisson :** 5 minutes*

pour 1 personne

33 cl d'eau
1 cuillerée à café de miel
4 cl de jus de citron

Faire chauffer l'eau dans une casserole sur feu moyen jusqu'à ébullition. Dans un verre ou une tasse, mélanger le miel et le jus de citron. Verser l'eau chaude et remuer. Déguster.

glacés

café

***préparation :** 10 minutes*

pour 1 litre de café

60 g de café moulu
1 l d'eau

Placer le café moulu dans un filtre en papier préalablement humidifié.

Le placer dans la machine à café. Remplir le bac d'eau (1 l). Mettre la machine en route.

Verser dans un verre et laisser refroidir au réfrigérateur. Servir avec des glaçons

thé

***préparation :** 5 minutes*
***infusion :** 3 minutes*

pour 2 litres

2 l d'eau froide
2 sachets de thé
glaçons

Faire infuser le thé dans 2 l d'eau pendant 3 minutes. Ajouter les glaçons et une rondelle de citron si l'on aime.

season
season
season
season
season
season
season
season

citronnade

Préparation : 5 minutes
Réfrigération : 1 heure

Pour 2 litres

2 l d'eau
40 cl de jus de citron
20 cl de sucre liquide

Dans un pichet, mélanger les ingrédients et placer au réfrigérateur 1 heure avant de déguster.

matcha lemonade

***Préparation :** 5 minutes*
***Réfrigération :** 1 heure*

Pour 2 litres

2 l d'eau
40 cl de jus de citron
20 cl de sucre liquide
1 cuillerée à café de poudre de matcha

Dans un pichet, mélanger les ingrédients et placer au réfrigérateur 1 heure avant de déguster.

coaching

@maximethe1 C'est Camille F qui m'a présenté Maxime. Il est tout d'abord devenu mon coach. Grâce à lui, le sport est entré dans ma vie et je suis super assidue ! J'ai tout de suite beaucoup aimé sa façon d'aborder l'exercice physique. C'est donc tout naturellement que nous collaborons pour Season car nous partageons la même vision et philosophie.

running

La course à pied procure de nombreux bénéfices qui vont au-delà de l'aspect « brûler des calories ». Courir est naturel pour l'être humain, et, dans une société où nous sommes de plus en plus enfermés dans des bureaux, c'est un réel besoin que de sortir de chez soi. Courir permet également au corps de produire des endorphines qui aident à combattre l'anxiété, à réduire le stress et à améliorer le sommeil.

Smoothie booster

pour 1 personne

200 ml d'eau de coco
50 g d'ananas coupé en morceaux
5 feuilles de menthe fraîche
5 pousses d'épinard
¼ d'avocat

Mixer tous les ingrédients dans un blender et servir.

cross-training

Le cross-training regroupe plusieurs types d'exercices qui mobilisent le corps dans sa globalité. On travaille aussi bien le système cardiovasculaire, l'endurance que le renforcement musculaire. Il est possible de le faire avec ou sans matériel. Pour ma part, je travaille beaucoup avec des élastiques et des sangles de suspension car ils permettent de créer une instabilité que le corps doit corriger en utilisant plusieurs groupes musculaires.

Smoothie chocolat

pour 1 personne

150 ml de lait d'amande
1 banane
1 cuillerée à café de cacao en poudre
5 pousses d'épinard
¼ d'avocat
2 cuillerées à café de miel cru

Mixer tous les ingrédients dans un blender et servir.

pilates

Le Pilates est une méthode de renforcement musculaire fondée sur six principes : le centre (« Power House »), la respiration, la concentration, le contrôle, la précision et la fluidité. Elle permet de travailler les muscles profonds et d'améliorer la performance de chacun, de l'athlète au sédentaire. Je la trouve particulièrement efficace pour améliorer la posture et la maîtrise du corps de chacun.

Smoothie détox

pour 1 personne

200 ml d'eau de coco
10 myrtilles
¼ de betterave
1 cuillerée à café de cacao

Mixer tous les ingrédients dans un blender et servir.

méditation

La méditation comme je la pratique est principalement axée sur la respiration et le fait de se recentrer sur soi-même. J'essaye de trouver un endroit calme, de couper le téléphone et de m'éloigner de toute autre distraction. Le plus important à mes yeux est de réussir à garder une régularité dans la pratique de ce moment pour soi. Les études prouvent que l'on arrive ensuite à être beaucoup plus concentré et efficace pour le reste de la journée.

Smoothie protéine

pour 1 personne

150 ml de lait d'amande
1 cuillerée à café de protéine en poudre goût vanille
1 cuillerée à café de purée d'amandes
1 banane
1 cuillerée à café de miel
¼ d'avocat

Mixer tous les ingrédients dans un blender et servir.

city guide

12 chairs

Pourquoi faut-il s'y rendre absolument ?
Un petit bout de Tel Aviv à New York… Si vous aimez les falafels, le houmous et la shakshuka, vous allez adorer 12 Chairs. La déco du lieu et l'accueil toujours chaleureux font qu'on s'y sent un peu comme à la maison.

Un must-have ?
Shakshuka, houmous falafel, labneh et baladi eggplant (aubergine).

Le meilleur moment pour s'y rendre ?
Le midi en semaine si vous voulez déjeuner au calme, ou pour bruncher le week-end si l'attente ne vous fait pas peur (compter en moyenne 45 minutes pour avoir une table). Deux adresses à Manhattan et Williamsburg.

342 Wythe Avenue, Brooklyn

bocaphe

Pourquoi faut-il s'y rendre absolument ?
Pour rencontrer Jérémie, le patron, et le garçon le plus gentil de Soho. Et pour manger le meilleur bo bun de la ville dans un cadre très instagrammable.

Un must-have ?
Le bo bun et la mousse au chocolat à base d'avocat (Jérémie assure qu'elle est sans sucre alors on y va, c'est une tuerie !). Et aussi les limonades maison « Pink » et « Black », top et rafraîchissantes.

Le meilleur moment pour s'y rendre ?
Situé en plein cœur de Soho, c'est l'endroit parfait pour s'arrêter déjeuner ou dîner après une virée shopping.

222 Lafayette Street, Soho

café gitane

Pourquoi faut-il s'y rendre absolument ?
Situé dans une jolie rue arborée du quartier de Nolita, Café Gitane était déjà branché dans les années 90… J'y ai été serveuse il y a 20 ans quand j'habitais New York… une de mes toutes premières inspirations donc. On y va parce que ce café d'inspiration franco-marocaine qui sert des tartines beurre confiture le matin et du couscous le midi est un indémodable.

Un must-have ?
Les tartines beurre confiture et la feta cuite au four avec des tomates, du thym et des câpres. Et une table sur la mini (et très prisée) terrasse en été.

Le meilleur moment pour s'y rendre ?
Le matin vers 9-10h pour le petit déjeuner avant le grand rush du midi. Ensuite on en profite pour se balader dans Soho.

242 Mott Street, Soho

the butcher's daughter

Pourquoi faut-il s'y rendre absolument ?
Venu tout droit de LA, c'est sans doute le restaurant végétarien le plus sexy de New York avec trois adresses à Nolita, West Village et Williamsburg (en photo ici). La carte comporte aussi des options sympa pour les vegan.

Un must-have ?
L'acaï bowl, le toast avocat et un jus frais.

Le meilleur moment pour s'y rendre ?
Le matin pour le petit déjeuner ou l'après-midi pour un goûter, et bien sûr pour le brunch du week-end.

271 Metropolitan Avenue, Williamsburg

luke's lobster

Pourquoi faut-il s'y rendre absolument ?
Pour goûter le traditionnel « lobster roll » dont les new-yorkais raffolent, et parce qu'il est très bien situé au pied du Brooklyn Bridge, avec une vue scénique sur Manhattan, juste en face.
Un must-have ?
Le lobster roll, bien sûr.
Le meilleur moment pour s'y rendre ?
Dumbo est un quartier très touristique donc il peut y avoir un peu de queue le week-end mais ça en vaut vraiment la peine !

11 Water Street, Brooklyn

five leaves

Pourquoi faut-il s'y rendre absolument ?
C'est un incontournable aussi bien pour les touristes que pour les gens du quartier. Un de ces endroits qui ne désemplit donc presque jamais… On y va par curiosité, mais aussi parce que c'est bon et qu'on s'y sent bien.
Un must-have ?
Les pancakes à la ricotta.
Le meilleur moment pour s'y rendre ?
Dans l'idéal en semaine, le matin tôt ou en fin de journée. On évite le brunch du week-end sauf si la température extérieure rend l'attente plus agréable (minimum une heure).

18 Bedford Avenue, Brooklyn

la esquina

Pourquoi faut-il s'y rendre absolument ?
Au sous-sol de cette taqueria mexicaine située en plein cœur de Soho, à côté de la cuisine se cache l'un des speakeasy les plus prisés de la ville.
Un must-have ?
Une margarita.
Le meilleur moment pour s'y rendre ?
Ici il faut envoyer un mail pour réserver une table plusieurs semaines à l'avance. En semaine, les gens du quartier se pressent dès l'ouverture à 18 h pour décompresser *after work*.

114 Kenmare Street, Soho

the wild son

Pourquoi faut-il s'y rendre absolument ?
Situé en plein Meatpacking District, le quartier de la fête et des boutiques de luxe, The Wild Son est un petit coin de douceur. L'accueil y est chaleureux, les plats simples et bons, et la déco fait penser à un cabinet de curiosités – plantes, jolies gravures, animaux, boiseries…
Un must-have ?
Les gaufres, les pancakes et le « good morning sunshine » sandwich. Une place sur la jolie table en marbre près de la fenêtre.
Le meilleur moment pour s'y rendre ?
Le matin ou le midi quand vous êtes dans le quartier. N'hésitez pas a y aller un peu tôt car l'équipe ne prend pas de réservations le midi, et l'endroit se remplit vite.

53 Little West 12th Street, Meatpacking

short stories

Season à New York

Il me paraissait tout naturel de clôturer ce livre par mon début d'aventure new-yorkaise. Mon ami Aswhin, propriétaire de restaurants, m'a proposé en 2018 de devenir partenaires. Nous allions nous associer en proposant le menu Season à la carte dans un petit bar new-yorkais tous les week-ends. L'aventure « Short stories » commence. Je réalisais enfin mon rêve. Il y avait NYC ma ville de cœur, d'inspiration, de liberté. Et il y a Paris, mes racines, ma culture, mes amis et ma famille. C'était mon rêve de ne pas avoir à choisir entre les deux. Au moment où j'écris ces lignes il ne reste que 2 semaines avant l'ouverture... J'ai encore du mal à y croire mais cela me remplit de bonheur. Il ne me reste plus qu'à vous dire, ces quelques mots : croyez en vous, croyez en vos rêves, ne laissez personne entraver votre liberté, votre intuition. Ayez confiance en vous, et vous verrez, la vie est une aventure incroyable.

« Je vous souhaite des rêves à n'en plus finir et l'envie furieuse d'en réaliser quelques-uns. »

Jacques Brel

NO
BEER
FOR
BRET
HER
@SHORTSTORIESBOWERY
SPR
FIRE DE
CONN

index recettes

index ingrédients

merci

Tellement de personnes à remercier…
Merci à mes parents de m'avoir donné la liberté, à mes mentors de m'avoir fait confiance.
Merci à toutes les personnes qui font ou on fait partie de mon équipe, à toutes ces personnes qui ont participé et participent à l'aventure Season.
Merci particulièrement à Oliver, chef d'orchestre.
Merci à mes amis pour leur soutient.
Merci à Irène, la femme de l'ombre de ce livre, qui me donne tous les jours un peu plus de motivation.
Et enfin, merci à mes garçons Loan et Noa qui m'offrent la plus belle des récompenses en disant qu'ils sont fiers de leur maman.

Traduction des recettes : Emin Saffi
Adaptation des textes d'introduction : Sioux Berger
Direction artistique : Irène Olczak
Création graphique : Anaïs Génot
Mise en page : Chimène Denneulin
Relecture : Marie-Ève Foutieau
et Dominique Montembault

1054786
ISBN : 978-2-501-13667-9
Dépôt légal : mars 2019
Achevé d'imprimer en février 2019
chez Grafica Estella en Espagne.

PAPIER À BASE DE FIBRES CERTIFIÉES

MARABOUT
s'engage pour l'environnement en réduisant l'empreinte carbone de ses livres.
Celle de cet exemplaire est de :
2200 g éq. CO_2
Rendez-vous sur
www.marabout-durable.fr